我们从哪里来？我们走向何方？中国到了今天，我无时无刻不提醒自己，要有这样一种历史感。

——习近平

摘自习近平总书记在北京会见第二届"读懂中国"国际会议外方代表时的谈话（《人民日报》2016年1月5日）

读懂中国

读懂中国丛书

编委会：
　　主　　任：郑必坚
　　副 主 任：张福海　于幼军　李君如　周明伟
　　委　　员：（按姓氏笔画排序）
　　　　　　　于幼军　王博永　冯　炜　李君如
　　　　　　　邬书林　牟卫民　张福海　陆彩荣
　　　　　　　周明伟　徐伟新　徐　步

编辑部：
　　主　　任：王博永　徐　步
　　副 主 任：冯　炜　胡开敏
　　成　　员：谢茂松　徐　实　于　瑛　曾惠杰
　　　　　　　黄炎霞

读懂中国丛书

中国的绿色发展之路

解振华　潘家华　著

总　序

郑必坚

读者面前的这套丛书，有一个总题目，叫做：读懂中国。

为什么要提出"读懂中国"的问题呢？

你看，当今世界发生的变化，可谓天翻地覆，令人目不暇接。最大的变化，莫过于中国。

从20世纪中叶新中国成立以来，特别是最近这40年时间，就使一个多达十三亿多人口的贫穷落后的东方大国，实现了跨越式大发展，迅速成为世界第二大经济体。

人们自然会问：在中国，究竟发生了什么事情？中国快速发展的奥秘究竟是什么？

人们自然也会问：一个正在强起来的中国，和世界怎么相处？

于是乎，问题套问题，疑虑叠疑虑，"中国威胁论"、"中国崩溃论"、"修昔底德陷阱"、"中等收入陷阱"，这"论"那"论"，这"陷阱"那"陷阱"，纷纷指向中国。

毫无疑问，中国人应当坚定不移地走自己的路，把自己的事情办好。而这本身就包含着，为了回答人们的关切、问题和疑虑，必须做好一件事："读懂中国"。

　　为此，由我主持的国家创新和发展战略研究会发起，联合中国人民外交学会，和国际知名智库"21世纪理事会"合作，在2013年11月和2015年11月先后举办了两届"读懂中国"国际会议。

　　这两次重要的国际会议，得到了中共中央总书记、国家主席习近平的重视和支持，亲自到会同与会外国嘉宾座谈。国务院总理李克强和副总理张高丽分别出席了第一届和第二届会议，并在会上作了开幕演讲。中共中央和国务院许多部门的领导同志，也到会同来自世界各国的政要和专家学者进行面对面的交流，回答大家提出的问题。

　　会议取得的成功，给我们的最大启示是：只要直面问题，只要心诚意真，只要实事求是且生动具体地讲好中国故事，讲好中国共产党的故事，讲好中国和世界相处的故事，将大有利于关心中国的人获得新知，怀疑中国的人逐步释惑。

　　为此，我们设想，把"读懂中国"的国际会议搬到书本上，搬到视频上，搬到网络上，在更大的场合，用更加生动的形式，回答人们的关切、问题和疑虑。

　　这一设想，不仅得到了有关部门的大力支持，不仅得到了中国外文局和外文出版社的大力支持，而且得到了一批对这些问题有亲身实践经验和较深研究的专家学者和领导同志的大力支持，为丛书撰稿。

　　这就是读者面前这套丛书的由来。现在编辑出版的还只是这套丛书第一辑，以后还会有第二辑、第三辑以至更多的好书问世；现在这一辑主要是中国作者的作品，以后还会有其他国家作者的作品。

不仅是丛书，以后还会有配套的电视专题片和网络视频，陆陆续续奉献给大家。

在我们看来，"读懂中国"，包括"读懂中国共产党"、"读懂中国和世界的关系"，是一个宏大的事业。

让我们共同以极大的热情，来关注这一事业、参与这一事业！

2018 年 3 月

目　录

序　言

第一章　中国经历发展之痛 / 1

　　一、中国遭遇日益严重的资源、环境、生态压力 / 3

　　二、对传统发展模式的反思 / 7

　　三、中国正走向绿色发展之路 / 11

第二章　生态建设 / 15

　　一、中国的生态资源面临的巨大挑战 / 19

　　二、"给自然留下更多修复空间" / 21

　　三、中国生态建设的政策与行动 / 25

第三章　循环经济 / 35

　　一、中国迈向循环经济是经济发展的必然要求 / 37

　　二、指导中国循环经济发展的理念 / 47

　　三、中国发展循环经济的探索和经验 / 49

第四章　建设低碳韧性、智慧宜居城市 / 55

　　一、可持续发展是中国城市转型的必然选择 / 57

二、可持续发展理念的渊源及时代价值 / 66

　　三、可持续城市建设的政策实施与成效 / 72

第五章　从不平衡发展到区域协调发展 / 79

　　一、中国区域协调发展的困境与路径 / 83

　　二、从不平衡到协调发展、共治共享的理念演变 / 93

　　三、中国推进区域协调发展的举措与成效 / 99

第六章　绿色消费 / 105

　　一、中国绿色消费的现状 / 109

　　二、通过绿色消费推动绿色发展转型 / 113

　　三、中国为推进绿色消费所作出的积极努力 / 115

第七章　应对气候变化 / 119

　　一、中国通过低碳转型推动全球气候治理 / 123

　　二、解决全球气候变化问题的中国方案 / 128

　　三、中国为应对气候变化采取的政策与行动 / 134

第八章　中国的可持续发展转型历程 / 143

　　一、中国的可持续发展总体进展 / 147

　　二、可持续发展实践背后的中国理念 / 156

　　三、中国政策为可持续发展保驾护航 / 159

第九章　中国引领全球绿色转型 / 167

　　一、中国绿色发展的全球贡献 / 169

　　二、中国参与全球绿色治理的历程及理念 / 177

　　三、中国助力全球绿色发展的行动 / 180

第十章 "绿水青山就是金山银山" / 187
一、自然资源保护被纳入中国发展的重要战略目标 / 191
二、自然资本也是国家财富的重要组成部分 / 196
三、中国为推进保护自然资本采取的政策手段措施 / 198
四、展望未来:"老虎正在回来" / 204

第十一章 生态文明建设 / 207
一、中国正从工业文明走向生态文明 / 211
二、建设生态文明是中国转变发展方式的必然选择 / 214
三、中国推进生态文明建设的实践 / 216

序 言

改革开放40年来,中国成功实现了从经济弱国向经济大国的伟大历史转变,经济实力和综合国力显著增强,彻底改变了19世纪中叶鸦片战争以来积贫积弱的局面。国民经济保持了持续高速增长,创造了世界经济史上的奇迹,开创了现代化建设的新局面。改革开放以来,中国经济快速增长,经济总量在2008年超过德国,居世界第三位;2010年超过日本,经济总量跃居世界第二位;2015年,中国人均国民收入已接近8000美元,跨入中等收入国家行列。中国还建立了门类齐全、具有较高国际竞争力的现代工业体系,成为世界加工制造基地,制造业产值跃居世界第一位。农业连年增产,用占世界7%的耕地解决了世界近20%人口的吃饭问题。载人航天、大型计算机、高速铁路、装备制造、通信设备等领域的科技创新能力已达到世界领先水平,正向创新型国家大步迈进。

虽然,中国经济社会发展取得了举世瞩目的伟大成就,但也必须清醒认识到,发展不平衡、不协调、不可持续的问题依然突出,经济增长的资源环境代价太大,资源利用效率不高、环境污染严重、生态系统退化等严重制约经济社会可持续发展。中国依然是发展中国家,正处于工业化、城镇化和农业现代化加快发展、全面建成小康社会的关键阶段,还有几千万贫困人口,发展经济、保护环境、改善民生的任务十分艰巨。发达国家一二百年工业化过程中分阶段出现并逐步解决的资源、环境、生态问题，在我国快速发展的30多年里集中显现，增加了中国妥善处理经济发展、社会进步与能源资源、生态环境、气候变化的关系的难度和复杂性。这不仅是世界各国面临的共同挑战，更是事关中国经济社会发展全局和人民福祉的重大问题。

从人类发展大的历史背景看，工业化国家也都经历了发展与资源、环境、生态矛盾十分尖锐的阶段。18世纪中叶开始的工业革命使人类社会进入了工业文明，工业化在给人类带来巨大物质财富的同时，也给人类带来了沉重的资源环境代价。"八大环境公害事件"开始引起各国重视。不仅如此，传统高消耗的增长模式下，能源资源制约日益凸显。1973年爆发的第一次石油危机使得原油价格猛然上涨两倍多，持续三年的石油危机使美国的工业生产下降了14%，日本的工业生产下降了20%以上，所有的工业化国家经济增长都明显放慢，表明了广泛依赖化石燃料的现代经济的脆弱性和不可持续性。全世界各国频繁发生的淡水危机、土壤重金属污染、生物多样性锐减、气候变化等问题，引发了人们对传统发展模式的反思以及对工业文明弊端的反思。

1972年，联合国召开了世界性的人类环境会议，全面审视环境问题的经济社会根源，会议通过了《人类环境宣言》，环境宣言原文引用了毛泽东主席的话："人类总得不断地总结经验，有所发现，有所发明，有所创造，有所前进"。1992年联合国的环境与发展大会通过了《里约热内卢宣言》和《21世纪议程》两个纲领性文件，提出了可持续发展战略，开启了全世界人民共同探索可持续发展的历程，2015年9月在联合国举行的历史性首脑会议上一致通过了《2030年可持续发展议程》，并于2017年1月1日启动实施，反映了可持续发展是时代的主题和未来的趋势，标志着人类社会就发展的观念和理想目标达成了最新的战略共识，具有划时代的意义。该议程在发展、社会和环境三大维度内在联系的基础上，倡导综合、包容、共享、绿色的发展理念，涵盖了包括气候变化的17个领域的169个可持续发展目标，就支持实现这些目标的融资、体制和政策改革等提出了倡议，其内容是一张旨在结束全球贫困、为所有人构建有尊严生活、不让一个人被落下的路线图。

资源、环境、生态与发展如何平衡的问题在中国尤其尖锐，中国所面临的资源环境形势比发达国家更为复杂和严峻，必须在可持续发展的框架下应对气候变化，在促进收入不断提高、特别是促进实现发展中国家消除绝对贫困、保障粮食安全、加强基础设施建设和医疗、教育等目标的前提下，探索更为智慧、更为有效率、更为环境友好和资源节约的发展路径，寻求增长方式和发展路径的创新，这条道路就是中国的"绿色发展之路"。

"绿色发展"从广义上说涵盖节约、低碳、循环、生态环保、人与自然和谐的文化和制度规范等；从狭义上说，"绿色"侧重表示生态环保的内涵，主要是治理环境污染，保护修复生态，增强生态产品生产能力，使人民群众在天蓝、地绿、水净的环境中生产生活。

中国的绿色发展道路，一直在探索中前行。中国发展战略与世界可持续发展和绿色低碳转型潮流高度一致。在绿色发展的观念上，经历了对环境与经济的关系认识由对立到"双赢"的过程，经历了将人与自然的关系提升到相互和谐与协调的过程。在对绿色发展的认识上，深化了对可持续发展的理解，正在努力开创"生产发展、生活富裕和生态良好"这一具有中国特色的文明发展道路。在绿色发展的实践上，经历了以污染防治为主，向污染防治和生态保护并重，再到预防、修复、重建相结合的转变。

中共十八大以来加强生态文明建设，树立并贯彻创新、协调、绿色、开放、共享发展理念，坚持把绿色发展、循环发展、低碳发展作为基本途径。坚持经济社会发展必须建立在资源得到高效循环利用、生态环境受到严格保护的基础上，与生态文明建设相协调，形成节约资源和保护环境的空间格局、产业结构、生产方式。习近平总书记在2017年10月召开的中共十九大报告当中指出，中国在过去五年中引导应对气候变化国际合作，成为全球生态文明建设的重要参与者、贡献者、引领者。习近平总书记进一步要求我们加快推进绿色发展，建立健全绿色低碳循环发展的经济体系，构建清洁低碳的能源体系，倡导绿色低碳的生活方式，落实减排承诺，与各方合作应对气候变化，保护好人类赖以生存的地球家园。

中国通过大力推进生态文明建设清晰地描绘出绿色发展的轨迹和蓝图。生态文明是基于对工业文明的反思、改造和提升，是与工业文明有着根本区别的发展范式和社会文明形态。在伦理认知上，生态文明尊重自然、顺应自然、保护自然。在社会关系上，生态文明崇尚互利共赢，和谐共生；在发展目标上，生态文明追寻可持续发展的生态繁荣；在生产方式上，生态文明要求采用循环再生、低碳高效；在消费模式上，生态文明推行绿色、低碳、健康、品质的生活。

中国的绿色发展之路正是人类社会与自然界和谐共处、良性互动、持续发展之路，中国通过传承东方哲学智慧，大力推进生态文明建设践行绿色发展之路，是对全球实现绿色转型和可持续发展的巨大贡献和有效引领。

本书在解振华和潘家华的领衔设计和具体指导下，由中国社会科学院的几位青年学者共同执笔完成。其中，中国社会科学院城市发展与环境研究所的禹湘承担了本书第一、六、十一章的执笔和全书写作的组织协调工作，武占云负责执笔第四、五章；中国社会科学院亚太与全球战略研究院的谢来辉负责执笔第二、七、十章，周亚敏负责执笔第三、八、九章。在组建团队到完成定稿两年有余的研讨、交流、撰写和修改过程中，解振华和潘家华与团队成员分析研判、系统把控、甄选素材、相互审读、共同协力，全体集聚十余次，小型会商经常态，数易其稿，为本书倾注了大量心血和智慧。郑必坚为本书的撰写提供了指导，审读、编辑、翻译等为本书的完善做出了突出贡献。

解振华
2018 年 3 月

第一章

中国经历发展之痛

——对传统发展模式的反思与提升

进入 2010 年代，一到冬季，随着中国北方进入供暖期，很多城市便会被雾霾包围，严重时能见度不足一百米，不少市民戴上口罩出门。让人更为担忧的是雾霾天气出现的频率越来越高，持续时间也越来越长。作为中国的首都，北京的雾霾天气尤其引发关注。

时任中国环境保护部部长陈吉宁表示，高污染、高能耗产业大量聚集，冬季取暖的燃煤、燃油集中排放，快速增长的机动车，是京津冀地区大气污染的直接原因，也是改善的难点。对于正在快速实现工业化的中国，雾霾的治理将是长期的过程。

应该说，笼罩中国华北地区的重雾霾天气与当地的经济发展模式是分不开的。据统计，2010 年代中期前后，京津冀及周边六个省市，包括北京、天津、河北、山西、山东、河南在内，面积只占全部国土面积的 7.2%，却消耗了全国 33% 的煤炭，单位面积排放强度是全国平均水平的 4 倍左右，6 省市包括钢铁、焦炭、平板玻璃等主要产品产量基本上占全国的 30% 到 40%。此外，煤电占 27%，原油加工占 26%，机动车保有量占 28%。

不仅中国遭遇了雾霾袭击，2015 年 3 月，欧洲多地也曾持续遭遇强雾霾袭击，英国伦敦重拾"雾都"的帽子，法国巴黎著名地标埃菲尔铁塔几近"消失"……持续的雾霾天气，也引发了欧洲民众的普遍焦虑，同时也使雾霾再次成为全球性关注的话题。

一、中国遭遇日益严重的资源、环境、生态压力

中国改革开放以来，取得了举世瞩目的成就。中国经济发展的速度之快，犹如一架高速行驶的列车。从改革开放初期的1978年到2015年的短短38年间，中国经济总量从1495.4亿美元提升到11万亿美元，增长了近74倍，全球经济总量的排名从仅位居世界第十位提升至仅次于美国的第二位。① 中国经济高速增长所持续的时间和增长的速度，均超过了经济起飞时期的日本和亚洲"四小龙"②，创造了人类经济发展史上的新奇迹。

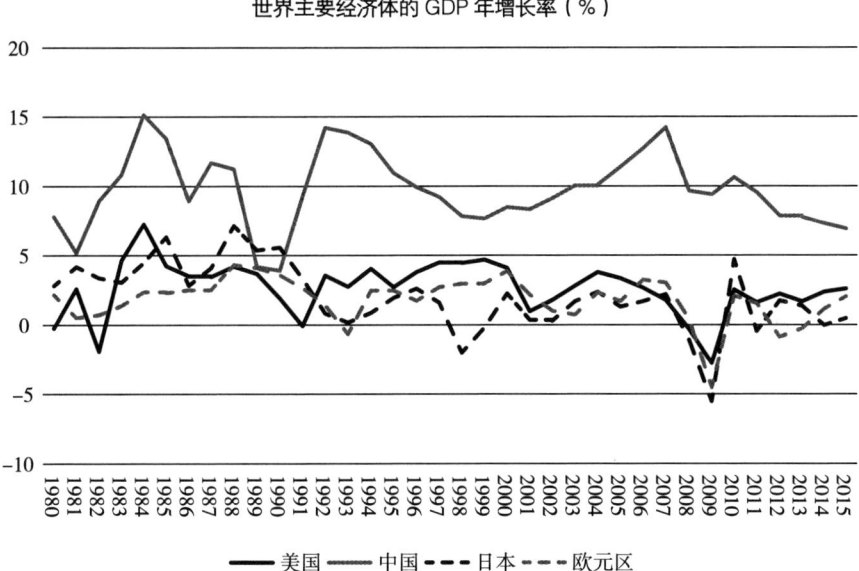

世界主要经济体的GDP年增长率（%）

---

① 数据来源：世界银行 WDI 数据库，http://data.worldbank.org/data-catalog
② 亚洲"四小龙"是指上世纪70年代起经济迅速发展的四个位于东亚及东南亚的经济体：韩国、中国台湾省、中国香港及新加坡。

虽然中国取得了经济建设的巨大成就，但未来仍面临着诸多挑战。中国人口众多，资源相对不足，生态环境脆弱。改革开放以来，中国一直处在加速工业化和城市化的进程中，经济增长基本建立在高投入、高消耗、高污染的粗放型发展模式上。发达国家上百年间分阶段出现的环境问题，在中国快速发展的30多年中集中显现，使得经济发展与资源、环境以及生态之间的矛盾尤为突出。

近年来，在经济快速发展的同时，中国政府采取了控制污染物排放总量，治理重点地区和流域污染等环境保护措施，实施了天然林保护，退耕还林，退牧还草和自然区保护建设等生态环境保护工程，在保持国民经济快速增长的情况下，主要污染物的排放总量没有同步增加，污染加剧的趋势得到了初步控制，生态保护和建设也得到了加强。但是，中国所面临的环境形势依然严峻，一些地区的环境污染还在继续，全国生态环境恶化的趋势还没有得到根本遏制，尤其是环境质量的改善与人民的期盼之间仍然存在显著差距。

资源约束日益趋紧。中国进入快速工业化进程后，资源消耗快速增长。从总量看，中国是一个"资源大国"，不仅资源的品种丰富，一些重要资源拥有量还位居世界前列。但从人均资源占有量看，又是一个"资源小国"，主要资源人均占有量均低于世界平均水平。中国总的耕地面积居世界第四位，但人均耕地为1.52亩，不到世界人均水平的一半。中国的森林覆盖率远低于全球31%的平均水平，人均森林面积仅为世界人均水平的23%。中国的石油、天然气、铁矿石和淡水等战略性资源虽然总量都位居世界前列，但是人均占有量只有世界平均水平的7%、55%、17%和28%，即使是中国最丰富的煤炭资源，人均占有量也只有世界平均水平的67%。

随着中国经济社会的快速发展，对煤炭、石油等化石能源的消费需求迅速增加。1993年，中国由石油的出口国变成石油的净进口国。

2015年中国进口原油已高达3.34亿吨,对外依存度突破60%,占世界石油贸易的12%[①]。中国煤炭进口量在2015年已达到2.04亿吨,进口量达到历史最高水平,居世界第一,超过第二名的日本近亿吨。中国富煤、贫油、少气的能源特点决定了中国能源消费以煤为主的格局。2015年,煤炭在中国能源消费结构所占的比重已达到64%,远高于30%的世界平均水平,消费总量为39.65亿吨,占世界煤炭消费量的一半[②]。煤炭等化石能源的大量消耗,使得中国的大气和水资源遭受严重污染,带来雾霾、酸雨、温室效应和臭氧层破坏等环境灾难。

在资源禀赋不足的同时,中国对资源的利用效率也比较低,这进一步加剧了资源对经济社会发展的制约。2015年,中国经济总量占全球的比重为14.84%,但能源的消耗却占全球的近21.8%,水泥、钢铁、氧化铝、精炼铜等消费分别占全世界的一半以上。中国的单位产值资源消耗也很大,每万美元消耗的铜、铝、铅、锌、锡合计40.7公斤,是美国的5.7倍,印度的2.8倍。

环境污染仍然十分严重。中国严峻的环境压力与中国所处的发展阶段以及中国经济发展的方式分不开。新中国成立初期,中国刚刚开始工业化进程,由于人口相对较少,生产规模不大,所产生的环境问题大多是局部性的环境污染,经济建设与环境保护之间的矛盾尚不突出。改革开放以来,随着工业化和城市化进程的快速推进,环境污染日趋严重。经济发展较为快速的长三角和珠三角地区在工业化进程中最先遭遇到重金属污染、水源安全和垃圾围城等环境污染问题的挑战。随后,随着中国中西部地区承接东部地区的高耗能、高污染产业,使得流域污染、工业超标排放等现象屡见不鲜。相对于东部,中西部生态环境更为脆弱,环境治理能力更加薄弱,科技和管理水平也相对落

---

① 数据来源:中石油经济技术研究院,2015年度《国内外油气行业发展报告》
② 数据来源:中国煤炭工业协会

太湖曾因蓝藻引起水体污染

后，导致环境污染的情况更为严重。

随着中国环境污染范围的扩大，污染程度的加重，污染危害在加大，治理难度也在增加。目前，中国环境污染突出的表现之一是大气污染，进入2010年，京津冀、长三角和珠三角地区的一些城市雾霾天气频现。在2011年世界卫生组织公布的空气质量数据库中，中国空气质量最好的城市是海口，也仅仅排名在830位。水环境也呈现复杂的流域性污染态势，十大流域的支流中，除珠江支流污染较轻外，其他流域的支流很多都受到不同程度的污染，湖泊富营养化也呈迅速增长趋势，富营养化湖泊所占比例从20世纪70年代的5%上升到80年代的35%左右，而90年代东部地区湖泊几乎全部富营养化。中国有一曲被广为传唱的民歌叫《太湖美》，其中的歌词脍炙人口"太湖美呀太湖美，美就美在太湖水。"然而由于长期将生产、生活污水直接排入太湖使得水质富营养化程度加剧，太湖里蓝藻大量繁殖，蓝藻腐化导致太湖水体严重污染。2007年，太湖作为无锡市自来水的水源地，因太湖蓝藻暴发导致水质恶化，使得无锡整座城市出现了饮用水危机，严重影响了当地居民的日常生活。小小的蓝藻折射出了中国以牺牲环境为代价，换取经济的快速增长所遭遇的生态、环境问题。从2007年至今，中国政府已经投入了巨额资金治理太湖污染，时至今日，太湖水质已得到显著改善，但是，水体污染的治理仍未得到根本、有效解决。

生态恶化的趋势仍未得到有效遏制。与环境污染相比，中国生态恶化的影响更为严重而深远。近年来，水土流失、土地沙化、草地退化、湿地萎缩、雪线上移、冰川消融、海平面上升、海洋自然岸线减少，导致生物多样性降低、生态灾害频发，严重制约着中国经济社会的可持续发展。2014年中国的2591个县域中，生态环境质量为"优"和"良"的县域占国土面积的45.1%，主要分布在秦岭淮河以南及东北的大小兴安岭和长白山地区；"一般"的县域占24.3%，主要分布在华北平原、东北平原中西部、内蒙古中部、青藏高原等地区；"较差"和"差"的县域占30.6%，主要分布在内蒙古西部、甘肃中西部、西藏西部和新疆大部[1]。随着森林、湿地、珊瑚礁和其他生态系统的弱化、退化和丧失，全球生物多样性正遭受毁灭性威胁。

中国由于高投入、高消耗、高排放、不可持续的发展方式造成严重的环境污染和生态破坏，虽然已经采取了许多积极的政策措施，抑制和减缓了一些环境污染和生态破坏，但生态环境恶化的总体趋势没有得到根本扭转。发达国家一二百年工业化过程中分阶段出现并逐步解决的环境问题，在中国快速发展的30年里集中显现，呈压缩型、复合型特点，增加了我国资源和生态环境问题治理的难度和复杂性。

二、对传统发展模式的反思

"先污染后治理、先破坏后恢复"，这似乎成为所有国家和地区在工业化过程中难以避免的一条定律和怪圈。18世纪中叶开始的工业革命使人类社会进入到工业文明，工业化在给人类带来巨大物质财富的同时，也给人类带来了沉重的资源环境代价。发达国家在工业化进程中纷纷出现了环境污染问题，有的严重危及本国经济建设发展以及人

---

[1] 数据来源：中国环境保护部《2015中国环境状况公报》

民生命安全。日趋严重的环境问题促使人类环境意识的觉醒。美国作者蕾切尔·卡逊撰写了《寂静的春天》一书，本书揭露了为追求利润而滥用农药的事实，并发出"如果不解决环境问题，人类将生活在幸福的坟墓之中"的呐喊。随后，在1972年由罗马俱乐部发表了《增长的极限》报告，其代表性观点是"没有环境保护的繁荣是推迟执行的灾难"。同年，第一次世界环境保护大会——联合国人类环境会议在瑞典的斯德哥尔摩举行，会议发表了《只有一个地球》，认为"不进行环境保护，人类将从摇篮直接到坟墓"。

可见，在传统的工业文明的发展模式下，要实现经济高速发展，必然导致大量资源损耗及环境污染，这是所有的国家和地区在工业化过程都遭遇过的问题。在人类迄今为止两百多年的现代化进程中，实现工业化的国家不超过30个、人口不超过10亿。中国用几十年的时间走完了发达国家几百年走过的发展历程，在资源相对不足、生态环境承载能力不强的情况下，中国政府带领如此多的人口，在如此短的时间，创造了如此大的经济体量，实现了如此快的发展速度，相对其他工业化国家，将面临更巨大的挑战，处理更复杂的局面，经历更艰难的历程。中国发展所面临的资源、环境和生态约束问题，也促使我们对传统的工业文明，对中国30年的高速发展进行全面的总结和深刻的反思。

在发展中单纯追求经济增长。第二次世界大战结束以后，特别是20世纪80年代以来，"发展"几乎成为所有国家特别是发展中国家的共同任务。中国是农耕文明的主要发祥地，农耕文明曾长期居于世界领先水平。但是，工业革命发生后，由于历史及社会的原因而错失了工业革命的机遇，中国经济远远落后于西方发达国家。

1978年改革开放初期，中国人均国民收入仅190美元，位居全世界最不发达的低收入国家行列，尚有2.5亿的贫困人口，因此摆脱贫困，快速实现工业化是当时中国人民最直接、最朴素和最强烈的愿望。改革开放以来很长一段时间内，国内生产总值（GDP）被看成是衡量一个国家和地区经济增长的唯一指标，追求 GDP 的高速增长成为整个国家发展的主要目标。当时，不只是中国，其他国家也将经济增长等同于发展。联合国为发展中国家制定的第一个十年发展计划和第二个十年发展计划，也是以经济增长为主要目标。这种发展观与当时中国所处的发展阶段性特征以及经济与社会发展的需求相适应。全力追求经济增长对中国快速建立完整的工业体系，在短期内摆脱贫困产生了积极的历史性作用。但是，不可否认也付出了资源环境的代价。中国亟须探索更为智慧、更为高效、更为环境友好和资源节约的发展路径。

沿用了工业文明下粗放型的经济发展方式。改革开放以来，由于在发展中单纯追求经济增长，经济增长又主要以 GDP 的增长来衡量，中国国民经济的支柱产业几乎全是矿产、纺织、冶金、造纸、钢铁、化工、石化、建材等高耗能、高污染产业。以钢铁行业为例，中国粗钢[①]产量于 1996 年跃居世界第一，占世界粗钢产量的 13.46%，从此一直稳居世界粗钢产量的第一位，占世界粗钢产量的比重也从 1996 年的 13.46% 不断攀升，2015 年已达到 50.19%。不可否认，钢铁行业的发展带来了巨额经济效益，解决了劳动就业，但也导致了严重的环境污染，有的地区或城市由于大型钢铁企业的集聚，使得水、土壤、空气遭受严重污染。中国的河北省作为中国第一大钢铁省份，生铁、粗钢和钢材产量连续 12 年居全国第一，在中国钢铁行业有一句流传甚广的话，"世界钢铁产量看中国，中国钢铁产量看河北"。钢铁行业给河北省带来 GDP 增速显著的同时，也使得河北省成为中国雾霾污染的重灾区。河北省的唐山、保定、邢台、邯郸等地长期占据全国空气质量最

---

① 粗钢是指完成了冶炼过程未经塑性加工的钢。

差城市排名的前十。这其中最主要的污染源就是钢铁行业。2016年，河北省的石家庄市为了在年底前45天时间内，完成全年PM2.5浓度下降10%的考核任务、确保到年底前不出现空气质量指数日均数值500以上的天气，在11月和12月间实施了有史以来最严厉的治理大气污染行动，关停上千家燃煤企业，让全市所有钢铁、水泥、焦化、铸造、玻璃、陶瓷和钙镁行业全部停产。近年来，类似的做法并不鲜见。2015年，亚太经合组织（APEC）会议在北京召开，为了提升空气质量，河北省在APEC会议期间停产了7926家企业，限产了500多家企业。据不完全统计，这期间为治理大气污染而导致的经济损失使得河北省当年的GDP下降了1.75%。可见，经济发展与生态保护矛盾已经十分尖锐。

"世界工厂"的地位表明污染排放严重。中国已经于2010年超过美国成为全球制造业第一大国。2015年，在世界500种主要工业品中，中国有近200种产品的产量位居全球第一。其中包括粗钢（美国水平的8倍，世界总产量的50%）、水泥（世界总产量的60%）、煤炭（世界总产量的50%）、汽车（超过世界总供给量的四分之一）。中国还是世界上最大的船舶、高速列车、机器人、隧道、桥梁、高速公路、化纤、机械设备、计算机和手机的生产国。①

从贸易统计数据看，发展中国家货物出口占世界货物出口的比例已从2005年的33%增加至2015年的42%，其中，中国的贡献尤其令人瞩目。20世纪70年代至今，原本在世界货物出口中占据重要位置的美国和欧洲等发达国家的货物出口占比不断下降，而中国的货物出口占比持续攀升，尤其是在21世纪初期，不仅超过了欧美等西方发达国家，并且成为世界最大的出口国。2015年，中国货物出口占世界货物出口的比例为14.2%；中国制成品出口占世界制成品出口的18.6%。

---

① 刘建国，加里德·戴蒙德.全球化下的中国环境——中国与世界各地如何相互影响，《自然》435（2005）：30。

中国作为制造业大国，2015年制成品出口已占据中国货物总出口的94.85%[①]。不可否认，贸易出口促进了中国经济的发展，但是，多年以来，中国生产和出口的多为劳动密集型和低附加值的产品，产品资源能源消耗高、附加值低、碳排放强度高。在经济全球化格局下，中国处于国际产业链的低端，在承接国际产业转移的过程中，"污染者天堂"效应明显。

三、中国正走向绿色发展之路

中国是世界上最大的发展中国家，预计2020年中国人口将达到14.2亿[②]，经济总量将在2005年的基础上翻两番。中国仍处在可以大有作为的重要战略发展期，但同时也面临不少困难和挑战，资源约束趋紧、环境污染严重、生态系统退化等，已成为中国经济社会发展的重大瓶颈制约，如此庞大的人口规模，如此巨大的经济体量，如果不转变经济增长方式，资源承受不住，环境容纳不下，发展不可持续。为此，中国展开了一场深刻革命，对工业文明进行了深刻的反思。中国正积极转变经济增长方式，大力推进生态文明建设，建立以资源环境承载能力为基础、以自然规律为准则、以可持续发展为目标的资源节约型、环境友好型社会，中国正迈向绿色发展之路。

转变经济增长方式，经济步入新常态。1978年—2015年，中国保持了国民生产总值年均9.74%的增速，尤其在2002年到2011年的10年间，中国保持了国民生产总值年均10.69%的增速。随着经济规模的

---

① 数据来源：世界贸易组织《2017年世界贸易统计报告》
② 数据来源：中华人民共和国国务院《国家人口发展规划（2016—2030年）》，2016年12月30日。

持续扩大，资源消耗还在呈刚性增长，环境的承载能力已经达到或接近上限。为此，中国适时提出了经济发展的新常态，将经济发展的目标从单纯追求经济增长的速度转向更注重经济增长的质量，将经济发展的速度从高速增长转向中高速增长，将经济发展方式从粗放型增长转向集约型增长，将产业结构由低端向中高端水平迈进。近年来，中国的服务业、战略性新兴产业加快发展，大众创业、万众创新的活力不断释放，经济发展的结构调整出现积极变化，经济发展的质量不断提高。经过艰苦努力，中国2015年主要资源产出率比2010年提高了21.7%，单位GDP能耗下降了18.2%，碳排放强度相比2005年下降了45%以上，这不论在新兴市场国家还是发达国家都是少有的。从这些变化可以看出，中国经济增长的质量和效益正逐步提高，发展的轨迹正逐步绿色化、低碳化。

向污染宣战，加大环境保护力度。 2014年中国政府的工作报告中最引人注目的一句话是："我们要像对贫困宣战一样，坚决向污染宣战"，这表明中国政府着重从大气、水、土壤污染治理进行环境污染治理的部署。中国政府从立法、政策、资金等方面多措并举治理环境污染。2014年，中国政府新修订了《环境保护法》，被称为"史上最严"的新环保法。2013年—2016年的短短三年间，以改善环境质量为核心，深入实施大气、水、土壤污染防治三大行动计划，并且不断加大环境保护的资金投入。经过艰苦的努力，中国的环境污染治理取得积极成效。截至2015年年底，中国的城镇污水日处理能力为1.82亿吨，成为全世界污水处理能力最大的国家之一；煤电机组安装脱硫设施的安装率由83%增加到99%以上；全国单位工业增加值COD（化学需氧量）和氨氮排放强度分别下降42%和48%。用中国时任环境保护部部长陈吉宁的话来说，"用硬措施应对硬挑战"。中国在解决自身环境问题的同时，也为解决全球性环境问题做出了重大贡献。例如，全球在共同行动对消耗臭氧层物质进行控制，中国消耗臭氧层物质的淘汰量占发展中国家淘汰总量的50%以上，成为对全球臭氧层保护贡献最大的国家。

进行生态文明建设，践行绿色发展。中国面对发展的新阶段、新形势，把生态文明建设放在突出地位，着力推进绿色发展、循环发展、低碳发展，努力建设美丽中国。中国生态文明建设已得到国际社会的高度认可，生态文明所强调的和谐、责任、可持续、福祉、整合、治理、公正、共享、包容等核心理念在《联合国2030可持续发展议程》已得到体现；中国为《巴黎气候协定》的达成、签署乃至生效做出了积极努力，并率先垂范承诺将于2030年左右达到二氧化碳排放峰值并争取尽早实现；中国"十三五"规划中提出的"创新、协调、绿色、开放、共享"五大发展理念向全世界表明了中国应对气候变化、实现绿色发展的务实态度与坚定决心。中国通过"一带一路"①建设，突出生态文明理念，共建绿色丝绸之路。当今社会，各国互相依存，休戚与共，中国能实现绿色发展，这不仅关系着中国人民的福祉，关乎中华民族的未来，也是对全球生态环境安全和世界经济可持续发展的重要贡献。中国走向绿色发展之路的实践经验不仅能为发达国家解决工业文明带来的矛盾提供新理念、新思路和新方法，还能为发展中国家走绿色、低碳的可持续发展道路提供有益借鉴。

---

① 一带一路是"丝绸之路经济带"和"21世纪海上丝绸之路"的简称。

第二章

生态建设

——给自然留下更多休养生息空间

2017年12月5日，在肯尼亚内罗毕召开的第三届联合国环境大会举世瞩目，这一天联合国环境规划署宣布了2017年的联合国环保最高荣誉"地球卫士奖"名单，专门把"激励与行动奖"授予了来自中国的塞罕坝林场建设者们。塞罕坝，中国河北省北部一个很普通的小地方，到底发生了什么样的故事？塞罕坝人又以怎样的行动和精神，得以打动联合国和激励全世界？

▎塞罕坝林场三代建设者代表领取"地球卫士奖"

　　塞罕坝位于河北省北部，距离北京460公里，占地9.3万公顷。半个多世纪以前，由于历史上的过度采伐，这里曾经是一片茫茫荒原，土地日渐贫瘠，北方沙漠的风沙可以肆无忌惮地刮入北京。

1961年专家考察塞罕坝

　　1962年，塞罕坝林场成立，数百名务林人开始在这一地区种植树木。林场建设者们在极其恶劣的自然条件和生存环境下，坚持不懈植树造林，创造了沙漠变绿洲、荒原变林海的绿色奇迹。经过过去55年三代人的努力，林场的森林覆盖率从11.4%提高到80%，占地面积达到9.3万公顷，成为世界上面积最大的人工林。目前，这片人造林每年向北京和天津供应1.37亿立方米的清洁水，同时释放约54.5万吨氧气，成为守卫京津的重要生态屏障。与此同时，塞罕坝建设者们还通过发展林业、生态旅游和风力发电推动了绿色经济发展。

　　塞罕坝的故事是近年来中国生态重建的一个缩影。除了塞罕坝以外，中国还有许多类似的故事正在发生。长期以来，中国人秉持"人定胜天"①的信仰大力开发利用自然，在"以粮为纲"的指导下围湖造田、

---

　　① 人定胜天，古代是指"人心安定，人人都能安守自己的本分，人类体现出的凝聚力和力量能够超越自然界"。典故出自［宋］刘过《龙洲集·襄央歌》"人定兮胜天"，其中"人定"是一个词。现代则多指"人类一定能够战胜自然"，与西方工业文明的理念更加趋于一致。

今天的塞罕坝林场已经成为绿色家园

毁林开荒、过度捕捞、过度放牧，在一些生态脆弱地区人为造成了水土流失、湿地锐减和草场破坏，甚至荒漠化、石漠化等生态破坏。一些地区因为过度使用化肥造成河流、湖泊富营养化，引起蓝藻或赤潮大面积爆发。进入21世纪以来，中国政府和社会不断加大生态文明建设的力度，尊重自然规律，追求人与自然的和谐，设立主体功能区和划定生态红线，采取了退耕还林、退田还湖、生态移民搬迁、限渔限牧等诸多措施。2012年中共十八大以来，生态建设成为了中国生态文明建设的三大主要方向之一。中国加强了上述措施的力度，并且在制度建设中强化了生态安全红线，强调"以自然恢复为主"，同时加大了生态建设投资。

一、中国的生态资源面临的巨大挑战

中国虽然是一个幅员辽阔的国家,但是整体的生态脆弱性较为明显,基本形势不容乐观。数十年的高速经济增长给中国的生态环境带来了巨大的压力,历史上中国粮食短缺,努力改造自然,"以粮为纲"的理念强化了人为破坏自然环境的行动。

1998年长江发生特大洪灾,全国上下深切地认识到了大规模地开展生态建设的紧迫性。中国政府提出了"污染控制同生态建设并举"的方针,实施了一系列的政策措施,比如全面停止长江、黄河上中游的天然林砍伐,把生态恢复与建设列为西部大开发的首要措施,并且制定了"退耕还林(草)、封山绿化、以粮代赈、个体承包"①等政策。这标志着中国生态保护事业发生了一个历史性的转折。

尽管像沙尘暴、黄河断流、沙漠化等一系列旧的生态问题得到解决,但是仍有许多新的生态问题在涌现,比如生态多样性问题。总体上看生态问题已经成为中国经济和社会发展的最为严峻的挑战之一,成为制约中国经济社会可持续发展的重要因素。中国耕地草原河湖资源长期过度开发与利用,导致资源承载力降低、可持续发展能力减弱,水土流失、土地沙化、石漠化等一系列严重问题,局部地区耕地基础地力下降明显,土壤污染加剧,耕地土壤点位超标率近20%。比如在水土流失方面,全国水土流失面积295万平方公里,年均土壤侵蚀量45亿吨,导致江河湖库淤积、崩岗和耕地损毁,每年淤积水库库容16.24亿立方米、损毁耕地6万多公顷。在沙漠化方面,全国沙化土地

---

① "以粮代赈、个体承包"政策具体是指政府提供粮食或者粮食折现来补贴农民或牧民,鼓励个体农户承包林地和草地进行绿化。

面积 173 万平方公里，主要分布在"三北"地区；石漠化土地面积 12 万平方公里，主要分布在贵州、广西和云南。在草场超载和退化方面，目前全国可利用天然草原 90% 存在不同程度退化，中度以上明显退化的接近 50%。2015 年全国重点天然草原平均牲畜超载率为 13.5%。[①]

除了上述严重影响人民群众生产和生活的生态退化问题以外，近年来随着人们环境和生态意识的提高，生物多样性遭受的挑战也日益引起重视。当前中国森林资源人均水平低，质量不高。中国人均森林面积只有世界平均水平的 23%，乔木林每公顷蓄积量只有世界平均水平的 78%。其次，海洋污染、富营养化严重，近岸局部海域污染严重。红树林和珊瑚礁面积较上世纪 50 年代均减少 70% 以上。赤潮年均灾害面积超 1.4 万平方公里，绿潮（浒苔）最大影响面积约 3 万平方公里。自然岸线保有率仅 37.6%，侵蚀海岸线占 20%。受上述因素综合影响，生物多样性面临严重威胁。野生动植物种类受威胁比例达 15%—20%，有 233 种脊椎动物处于濒危状态，104 种野生植物物种极危或濒危。生物物种遗传资源丧失和流失严重；488 种外来入侵物种对自然生态系统构成严重威胁。典型生态系统和关键物种栖息地尚未得到全面保护。[②]

为了保护生态空间，中国政府和人民开始积极投入大量资金用于生态恢复，启动生态重建之路。2012 年 11 月，中共十八大报告首次明确提出"要实施重大生态修复工程，增强生态产品生产能力"[③]。2015 年 4 月 25 日，中共中央和国务院发布的《关于加快推进生态文明建设的意见》提出：到 2020 年，要实现"森林覆盖率达到 23% 以上，草原综合植被覆盖度达到 56%，湿地面积不低于 8 亿亩，50% 以上可治理沙化土地得到治理，自然岸线保有率不低于 35%，生物多样性丧失速度

---

① 国家发展改革委等：《耕地草原河湖休养生息规划（2016—2030 年）》，2016 年 11 月 18 日。
② 国家发展改革委等：《全国生态保护与建设规划（2013—2020 年）》，2013 年 10 月。
③ 胡锦涛：《坚定不移沿着中国特色社会主义道路前进 为全面建成小康社会而奋斗——在中国共产党第十八次全国代表大会上的报告》，2012 年 11 月 8 日。

得到基本控制,全国生态系统稳定性明显增强。"

二、"给自然留下更多修复空间"

中国正在大力落实生态空间用途管制,划定并严守生态保护红线,确保"生态功能不降低、面积不减少、性质不改变"①。

"生态建设"是中国开展生态文明建设的核心任务之一。生态建设与资源节约、环境污染防治并列,共同成为中国国家绿色发展战略的组成部分。中共十八大以来,中国国家领导人多次强调,建设生态文明,关系人民福祉,关乎民族未来。努力建设美丽中国,对于实现中华民族永续发展意义重大。2013年5月24日,习近平在中央政治局第六次集体学习时指出:国土是生态文明建设的空间载体。要按照人口资源环境相均衡、经济社会生态效益相统一的原则,整体谋划国土空间开发,科学布局生产空间、生活空间、生态空间,给自然留下更多修复空间。② 2014年1月,习近平在内蒙古考察时又强调:推动生态文明建设下一步的出路主要有两条:一条是继续组织实施好重大生态修复工程,搞好京津风沙源治理、三北防护林体系建设、退耕还林、退牧还草等重点工程建设;一条是积极探索加快生态文明制度建设。这体现了十八大以来中国领导人以系统工程抓生态建设的总体思路和战略思想。

2017年10月,习近平总书记在中共十九大报告中特别强调要"加快生态文明体制改革,建设美丽中国"。其中强调的一个重要方向就是突出生态建设,加大生态系统保护力度。其中总结指出了中国生态建

---

① 中共中央和国务院:《关于加快推进生态文明建设的意见》(中发[2015]12号),2015年4月25日。http://www.scio.gov.cn/xwfbh/xwbfbh/yg/2/Document/1436286/1436286.htm.
② 《坚持节约资源和保护环境基本国策,努力走向社会主义生态文明新时代》,《人民日报》,2013年5月25日。

设的主要方向，包括"实施重要生态系统保护和修复重大工程，优化生态安全屏障体系，构建生态廊道和生物多样性保护网络，提升生态系统质量和稳定性。完成生态保护红线、永久基本农田、城镇开发边界三条控制线划定工作。开展国土绿化行动，推进荒漠化、石漠化、水土流失综合治理，强化湿地保护和恢复，加强地质灾害防治。完善天然林保护制度，扩大退耕还林还草。严格保护耕地，扩大轮作休耕试点，健全耕地草原森林河流湖泊休养生息制度，建立市场化、多元化生态补偿机制。"

"生态修复"是拯救生态危机的唯一可行的答案。它的核心是对生态系统停止人为干扰，利用生态系统的自我恢复能力，辅以人工措施，使遭到破坏的生态系统逐步恢复或使生态系统向良性循环方向发展。纵观世界各国生态治理的历程，中国政府和社会充分认识到，实施重大生态修复工程成为破解生态危机及一系列生态难题的必由之路。[①] 进入20世纪以来，许多国家都曾进行过大规模的生态修复工程，在治理生态方面取得了显著成效。比如20世纪30年代的"罗斯福工程"有效遏制了美国中部6州草原"黑风暴"高频爆发等生态问题，成为生态工程建设史上的典范。[②]

生态空间是经济社会发展的基础，生态建设改善就是发展生产力。2013年4月10日，习近平在海南考察时指出："纵观世界发展史，保护生态环境就是保护生产力，改善生态环境就是发展生产力"[③]。与之前

[①] 国家林业局调查规划设计院：《深入实施重大生态修复工程 如期实现生态良好发展目标——深入学习贯彻习近平总书记关于生态文明建设重大战略思想》，《中国绿色时报》，2014年11月27日。

[②] 在国际上产生了重大影响的生态工程，还有苏联从1949年开始实施的"斯大林改造大自然计划"、非洲五国1970年—1990年实施的"绿色坝工程"，以及加拿大在1990年—2000年实施的"绿色计划"、日本1954年起实施至今的"治山计划"、法国1965年起实施至今的"林业生态工程"和印度1973年起实施至今的"社会林业计划"，等等。

[③]《让良好生态环境成为最普惠的民生福祉》，《瞭望》新闻周刊，2013年4月22日。

认为保护环境与经济增长相互矛盾的观点相比,这种观点把生态资源提高到生产力的水平上,是经济发展的前提。2016年5月在黑龙江省伊春市调研时,习近平指出:保护现有生态资源具有战略意义;"生态就是资源、生态就是生产力。中国生态资源总体不占优势,对现有生态资源保护具有战略意义。伊春森林资源放在全国大局中就凸显了这种战略性。如果仅仅靠山吃山,很快就坐吃山空了。这里的生态遭到破坏,对国家全局会产生影响。"①

生态建设对于国家的经济发展和安全具有重要的战略意义。 2011年底,联合国环境规划署发布的《迈向绿色经济》报告指出,绿色经济可显著降低环境风险与生态稀缺,提高人类福祉和社会公平。报告认为,在绿色经济政策的引导下,如果全球每年将约1.3万亿美元(约相当于全球生产总值的2%)作为绿色投资投向10个关键经济部门,到2050年即可推动全球向绿色经济转型。世界观察研究所所长莱斯特·布朗说,今后几十年,在世界新秩序中,发挥领导作用的很可能是建立保护生态基础上持久发展的经验,而不是军事上的强大,谁在生态问题上主动采取行动,谁就能在今后的国际舞台上起领导作用。②

生态建设是为了保障民生,对于政治稳定和社会和谐具有重要意义。 习近平提出:"良好生态环境是最公平的公共产品,是最普惠的民生福祉。对人的生存来说,金山银山固然重要,但绿水青山是人民幸福生活的重要内容,是金钱不能代替的。你挣到了钱,但空气、饮用

---

① 《习近平:保护现有生态资源具有战略意义》,新华网,2016-05-24 http://news.xinhuanet.com/politics/2016-05/24/c_1118919219.htm。

② 国家林业局调查规划设计院:《深入实施重大生态修复工程如期实现生态良好发展目标——深入学习贯彻习近平总书记关于生态文明建设重大战略思想》,《中国绿色时报》,2014年11月27日。

水都不合格，哪有什么幸福可言。"①他也强调："要实施重大生态修复工程，增强生态产品生产能力。环境保护和治理要以解决损害群众健康突出环境问题为重点，坚持预防为主、综合治理，强化水、大气、土壤等污染防治，着力推进重点流域和区域水污染防治，着力推进重点行业和重点区域大气污染治理。"②

习近平在2016年8月19—20日全国卫生健康大会上讲话指出："良好的生态环境是人类生存与健康的基础"。习近平强调要把人民健康放在优先发展战略地位，努力全方位全周期保障人民健康。"当前，由于工业化、城镇化、人口老龄化，由于疾病谱、生态环境、生活方式不断变化，中国仍然面临多重疾病威胁并存、多种健康影响因素交织的复杂局面，我们既面对着发达国家面临的卫生与健康问题，也面对着发展中国家面临的卫生与健康问题。如果这些问题不能得到有效解决，必然会严重影响人民健康，制约经济发展，影响社会和谐稳定。"③因此习近平提出"要按照绿色发展理念，实行最严格的生态环境保护制度，建立健全环境与健康监测、调查、风险评估制度，重点抓好空气、土壤、水污染的防治，加快推进国土绿化，切实解决影响人民群众健康的突出环境问题。"④

2016年1月18日，习近平在省部级主要领导干部学习班上再次指出：要坚定推进绿色发展，推动自然资本大量增值，让良好生态环境成为人民生活的增长点、成为展现中国良好形象的发力点，让老百姓呼吸上新鲜的空气、喝上干净的水、吃上放心的食物、生活在宜居的

---

① 习近平：《在海南考察工作结束时的讲话》，2013年4月10日。
② 习近平：《在中央政治局第六次集体学习时的讲话》，2013年5月24日。
③ 《习近平：把人民健康放在优先发展战略地位》，新华网，2016年8月20日。http://news.xinhuanet.com/politics/2016-08/20/c_1119425802.htm.
④ 《习近平：把人民健康放在优先发展战略地位》，新华网，2016年8月20日。http://news.xinhuanet.com/politics/2016-08/20/c_1119425802.htm.

环境中、切实感受到经济发展带来的实实在在的环境效益,让中华大地天更蓝、山更绿、水更清、环境更优美,走向生态文明新时代。

尊重生态系统的整体性价值,把山水田林湖草作为一个整体。2013年11月15日,习近平在对《中共中央关于全面深化改革若干重大问题的决定》作说明时指出:"山水林田湖是一个生命共同体,人的命脉在田,田的命脉在水,水的命脉在山,山的命脉在土,土的命脉在树。用途管制和生态修复必须遵循自然规律,由一个部门负责领土范围内所有国土空间用途管制职责,对山水林田湖进行统一保护、统一修复是十分必要的。"①

另外,习近平在城市化工作中指出城市建设对生态的破坏作用,强调城市建设要尊重生态系统的整体性。"城市规划建设的每个细节都要考虑对自然的影响,更不要打破自然系统。为什么这么多城市缺水?一个重要原因是水泥地太多,把能够涵养水源的林地、草地、湖泊、湿地给占用了,切断了自然的水循环,雨水来了,只能当作污水排走,地下水越抽越少。解决城市缺水问题,必须顺应自然。"②

三、中国生态建设的政策与行动

尽管中国早在20世纪80年代就把环境保护立为国家的基本政策,但是对生态建设的认识与投资都极为不足。20世纪末的长江流域重大洪涝灾害之后,中国政府开始重视生态建设的重要意义,开始投资启动了天然林保护工程等一系列重要工程项目。中共十八大以后,中国

---

① 2017年10月中共十九大报告中提出"健全耕地草原森林河流湖泊休养生息制度",明确纳入了草原的生态保护和建设。

② 习近平:《在中央城镇化工作会议上的讲话》,2013年12月12日。http://www.gov.cn/ldhd/2013-12/14/content_2547880.htm.

在生态建设的观念、制度和行动方面都有了全面系统的进展。

第一，在观念方面，生态建设被纳入到生态文明建设的三大重点内容之中。2012年11月中共十八大报告明确提出"推进生态文明建设，要坚持节约优先、保护优先、自然恢复为主的方针"①。在生态方面以自然恢复为主是中国生态文明建设的三大方向和重点之一。它意味着在思路上更加尊重自然生态规律，"在生态问题上由人工建设为主转向自然恢复为主，加大生态保护和修复力度，保护和建设的重点由事后治理向事前保护转变、由人工建设为主向自然恢复为主转变，从源头上扭转生态恶化趋势。"②

2012年11月中共十八大报告第八部分"大力推进生态文明建设"中，首次提出"要加大自然生态系统和环境保护力度"，"要实施重大生态修复工程"③。2013年10月，国家发展改革委会同有关部门组织专门编制了《全国生态保护与建设规划（2013—2020年）》，把生态建设与资源节约、环境保护区别开来，分别规划。其中将生态建设的内容界定为"以自然生态资源为对象开展的保护与建设"。"生态修复"的主要内容是指："尊重自然规律，因地制宜，加强生态保护与建设，实施重大生态修复工程，保护生物多样性，全面提升森林、湿地、荒漠和野生动植物等自然生态系统生态服务功能。"

2016年发布的"十三五"规划④专门设立专章论述生态保护修复，

---

① 胡锦涛：《坚定不移沿着中国特色社会主义道路前进 为全面建成小康社会而奋斗——在中国共产党第十八次全国代表大会上的报告》，2012年11月8日。
② 编写组：《新思想·新观点·新举措》，北京：学习出版社、红旗出版社2012年11月。
③ 胡锦涛：《坚定不移沿着中国特色社会主义道路前进 为全面建成小康社会而奋斗——在中国共产党第十八次全国代表大会上的报告》，2012年11月8日。
④ "十三五"规划即中华人民共和国国民经济和社会发展第十三个五年规划纲要，简称"十三五"规划（2016—2020年），是国家经济社会发展的重要计划，是非常具有中国特色的制度，每五年编制一次，滚动推进。它的目的是"主要阐明国家战略意图，明确经济社会发展宏伟目标、主要任务和重大举措，是市场主体的行为导向，是政府履行职责的重要依据，是全国各族人民的共同愿景。"

其中明确提出：实施山水林田湖生态保护和修复工程。从生态系统的分类来看，中国陆地主要有森林、湿地、草地、荒漠等自然生态系统以及农田、城市等人工生态系统。目前各类生态系统受损情况和生态问题安全普遍存在，生态脆弱地区涉及面广、生态系统破坏的情况复杂，必须要根据各生态系统存在问题，实施不同的重大生态修复工程加以修复[①]。

第二，在制度方面，中国政府建立了独具特色的主体功能区制度，并将实施划定生态红线计划，在国土空间布局上为生态恢复提供坚实的保障。

主体功能区制度是中国政府为了有效开发利用和保护生态空间而创造的一项制度。其中根据不同地区的资源禀赋、资源环境承载能力、现有开发密度和发展潜力等，把国土空间大致分为以提供工业品和服务产品为主体功能的城市化地区，以提供农产品为主体功能的农业化地区，以提供生态产品为主体功能的生态地区等。中国首个全国性国土空间开发规划《全国主体功能区规划》于2011年6月8号正式发布。《规划》按开发方式将国土空间划分为优化开发区域、重点开发区域、限制开发区域和禁止开发区域等四大类。

"十三五"规划提出，要"有度有序利用自然，调整优化空间结构，……推动形成以'两屏三带'[②]为主体的生态安全战略格局，以及可持续的海洋空间开发格局。合理控制国土空间开发强度，增加生态空间。推动优化开发区域产业结构向高端高效发展，优化空间开发结构，逐年减少建设用地增量，提高土地利用效率。推动重点开发区域集聚产业和人口，培育若干带动区域协同发展的增长极。划定农业空间和生态空间保护红线，拓展重点生态功能区覆盖范围，加大禁止开

---

① 国家林业局调查规划设计院：《深入实施重大生态修复工程如期实现生态良好发展目标》，《中国绿色时报》，2014年11月27日。

② "两屏三带"是中国构筑的生态安全战略，具体是指"青藏高原生态屏障"和"黄土高原—川滇生态屏障"以及"东北森林带"、"北方防沙带"和"南方丘陵山地带"。

发区域保护力度。"

2017年2月，中共中央办公厅和国务院办公厅颁布了《关于划定并严守生态保护红线的若干意见》。这份文件提出"划定并严守生态保护红线，是贯彻落实主体功能区制度、实施生态空间用途管制的重要举措，是提高生态产品供给能力和生态系统服务功能、构建国家生态安全格局的有效手段，是健全生态文明制度体系、推动绿色发展的有力保障。"

这份文件提出的总目标是：在2017年年底前，京津冀区域、长江经济带沿线各省（直辖市）划定生态保护红线；2018年年底前，其他省（自治区、直辖市）划定生态保护红线；2020年年底前，全面完成全国生态保护红线划定，勘界定标，基本建立生态保护红线制度，国土生态空间得到优化和有效保护，生态功能保持稳定，国家生态安全格局更加完善。到2030年，生态保护红线布局进一步优化，生态保护红线制度有效实施，生态功能显著提升，国家生态安全得到全面保障。

第三，政府长期投资，实施了一系列生态保护与建设重大工程。

1978年以来中国实施的天然林保护、退耕还林、防沙治沙、湿地保护恢复、三北防护林、沿海防护林等16项重大生态修复工程，覆盖范围之广、建设规模之大、投资额度之巨，堪称世界之最。这16项工程已经成为中国政府履行《防治荒漠化公约》《湿地公约》《气候变化框架公约》《关于森林问题的原则声明》等国际公约的标志性工程，每一项都在世界上产生了重大影响。[①]

中国专门建立巩固退耕还林成果专项资金，在2008年—2015年期间共安排专项资金总计925亿元。资金主要用于基本农田建设、农村能源建设、生态移民、补植补造、后续产业、农民技能培训等。1999年—2011年，全国累计完成退耕还林任务2894.4万公顷，其中退耕造

---

① 国家林业局调查规划设计院：《深入实施重大生态修复工程如期实现生态良好发展目标》，《中国绿色时报》，2014年11月27日。

林 926.4 万公顷，荒山荒地造林 1698 万公顷，封山育林 270 万公顷。涉及这一工程的包括 3200 多万农户、1.24 亿农民，而涉及的范围包括全国 25 个省（自治区、直辖市）的 2279 个县，占国土面积的 82%。退耕还林工程造林占同期林业重点工程造林总面积的一半以上，工程区森林覆盖率平均提高 3 个多百分点，水土流失和风沙危害明显减轻。退耕还林政策补助直接增加了农民收入。目前退耕农户每户均获得 7000 元政策补助，退耕还林已成为迄今为止中国最大的惠农项目。

据测算，退耕还林工程实现的林材蓄积量将达 13 亿立方米，能固定二氧化碳近 10 亿吨，为应对全球气候变化，履行中国政府对世界的承诺做出了重大贡献。美国《国家科学院学报》发表调查报告说，中国的退耕还林工程取得了成功，如果继续推进，将成为世界其他国家可借鉴的典范。近 10 年来，有 17 个国家先后 24 次考察中国的沿海防护林工程，有 70 多个国家考察三北防护林工程，把中国称为世界生态工程典范，对中国政府加强生态建设给予了极高的评价。在联合国第十六次可持续发展大会上，大会主席称赞中国的荒漠化防治处于世界领先地位。[①]

十八大以来，中国政府进一步加强了这些工程的投资力度。为加快推进生态文明建设，中国从 2014 年起启动实施新一轮退耕还林还草。据 2016 年 11 月财政部统计数据，2014 年—2016 年，中央财政累计安排 165 亿元（不含基本建设支出），支持实施新一轮退耕还林还草 3010 万亩，其中，2016 年安排 90 亿元，新增任务 1510 万亩。[②] 新一轮退耕还林还草切实加强了水土流失治理，有效改善了生态环境，对促进经济社会可持续发展发挥了重要作用。

早在 2013 年，中国政府就提出要全面实施十大生态修复工程，加

[①] 国家林业局调查规划设计院：《深入实施重大生态修复工程如期实现生态良好发展目标》，《中国绿色时报》，2014 年 11 月 27 日。

[②] 新华社：《中央财政累计安排 165 亿元支持新一轮退耕还林还草 3010 万亩》，2016 年 11 月 28 日。http://news.xinhuanet.com/fortune/2016-11/28/c_1120007727.htm。

快构筑十大生态安全屏障。2013年9月6日，国家林业局发布《推进生态文明建设规划纲要》提出了十大生态修复工程和十大生态安全屏障建设。[1] 各地方政府也提出了生态修复的规划以及具体的工程实施方案。

其中，中国的十大生态修复工程包括：天然林资源保护工程、退耕还林工程、三北防护林体系建设工程、京津风沙源治理工程、野生动植物保护及自然保护区建设工程、湿地保护与恢复工程、平原绿化工程、长江流域防护林体系建设工程、沿海防护林体系建设工程、重点地区速生丰产用材林基地建设工程。这十大生态修复工程涵盖了森林、湿地、荒漠三大自然生态系统和生物多样性保护，是国家重点生态修复工程的主体。

十大生态安全屏障包括：东北森林屏障、北方防风固沙屏障、东部沿海生态屏障、西部高原生态屏障、长江流域生态屏障、黄河流域生态屏障、珠江生态屏障、中小河流及库区生态屏障、平原农区生态屏障、城市森林生态屏障。这十大生态屏障覆盖了全国主要的生态重点地区和生态脆弱地区，构成了国家生态安全体系的基本框架，是发展生态林业的主要内容。[2]

2017年，李克强总理在政府工作报告中特别指出，2017年中国政府将要推进生态保护和建设，抓紧划定并严守生态保护红线，启动森林质量提升、长江经济带重大生态修复、第二批山水林田湖生态保护工程试点，完成退耕还林还草1200万亩以上，积累更多生态财富，构筑可持续发展的绿色长城。

第四，建立和健全生态修复体系，引导社会积极参与，推动重大生态修复工程建设。 当前中国正在通过制度建设，推动多元主体参与

---

[1] 国家林业局：《推进生态文明建设规划纲要》，2013年9月6日，http://www.forestry.gov.cn/main/72/content-629504.html。

[2] 国家林业局调查规划设计院：《深入实施重大生态修复工程如期实现生态良好发展目标》，《中国绿色时报》，2014年11月27日。

的生态建设和修复事业。中国正在创新工程建设机制，发展生态志愿者队伍，坚持"谁造谁有、给谁补贴"，培养全民生态价值观，充分调动全社会保护、修复生态的积极性。①

2017年10月，习近平在十九大报告中提出，必须"强化土壤污染管控和修复"，将其列为中国要着力解决的突出环境问题之一。国家鼓励企业积极参与到生态建设和修复进程中来。以土壤修复为例，虽然相关部门明确将由政府主导，但是市场的参与对于相关进程也极为关键。比如《"十三五"规划纲要》在第四十四章"加大环境综合治理力度"中提到，将实施土壤污染分类分级防治，优先保护农用地土壤环境质量安全，切实加强建设用地土壤环境监管，并且在第四十八章"发展绿色环保产业"中提到，将加快土壤修复治理等新型技术装备研发和产业化。根据《2015中国土壤修复发展白皮书》相关数据统计，2015年中国土壤修复签约合同金额约为21.28亿元。考虑到未来1000万亩耕地修复，以每亩5万元成本测算，耕地修复的市场规模将高达5000亿元。

第五，中国近年来提出森林、草原、湿地总量管理制度，以及耕地草原河湖资源休养生息规划以及国土综合整治计划。

中国的"十三五"规划提出建立森林、草原、湿地总量管理制度：坚持最严格的耕地保护制度，全面划定永久基本农田，确保全国耕地面积不低于18亿亩的红线；全国的湿地面积不得低于8亿亩；加强"三化"草原治理②，草原植被综合覆盖度达到56%。

针对耕地草原河湖资源长期过度开发与利用的情况，中国正在积极推动耕地草原河湖休养生息规划。2015年9月，中共中央和国务院发

---

① 国家林业局调查规划设计院：《深入实施重大生态修复工程如期实现生态良好发展目标》，《中国绿色时报》，2014年11月27日。
② "三化"具体是指退化、沙化和盐碱化；"三化"草原治理具体是通过禁牧、休牧、划区轮牧，适当建设人工草地和饲草料基地，大力推行舍饲圈养等途径。

布的《生态文明体制改革总体方案》提出：要建立耕地草原河湖休养生息制度，编制耕地草原河湖休养生息规划。党的十八届五中全会要求"坚持保护优先、自然恢复为主，实施山水林田湖生态保护和修复工程"。2016年中央一号文件进一步要求编制实施耕地、草原、河湖休养生息规划，探索实行耕地轮作休耕制度试点。[①]2016年11月18日，国家发改委等机构发布《耕地草原河湖休养生息规划（2016—2030年）》。其中关于耕地养护问题，要求针对耕地土壤酸化、耕地层变浅、重金属污染等问题，开展对耕地的修复和保护工作，实施好国家高标准农田建设、东北黑土地保护等重大项目。该规划提出，到2020年，确保完成8亿亩，力争完成10亿亩旱涝保收、高产、稳产高标准农田。

中国部分地区在过去因为采矿采煤资源等开发造成了地质沉降和环境破坏，迫切需要进行土地整治和生态修复。"十三五规划"中特别提出：生态严重退化地区需要转型发展。其中特别是要"加快解决历史遗留的重点矿山地质环境治理问题，完成750万亩历史遗留矿山地质环境恢复治理任务。支持重点采煤沉陷区综合治理，有序实施居民避险安置，推进土地复垦、环境整治和生态修复，完成450万亩采煤沉陷区综合治理任务。"

中国也在农村地区加强了生态建设和农村环境综合整治。近年来，中国政府安排专项资金275亿元，支持7.2万个村庄完成环境综合整治，1.2亿多农村人口直接受益。

第六，中国积极建设自然保护区，并且正在探索建立国家公园制度，以加强对生物多样性的保护。中国政府高度重视生物多样性的保护与建设。近年来，中国生物多样性保护取得明显成效。部分区域生

---

① 国家发改委举行新闻发布会介绍《耕地草原河湖休养生息规划》有关情况，国家发改委网站，http://www.sdpc.gov.cn/xwzx/xwfb/201611/t20161130_828794.html。

态系统得到恢复，一些重点保护物种数量稳中有升，全社会保护意识显著增强。2011年6月，中国成立生物多样性保护国家委员会，发布《生物多样性保护战略与行动计划（2011—2030年）》，并且启动了《联合国生物多样性十年中国行动方案》。另外，"十三五"规划也明确要求，加强对濒危野生动植物抢救性保护。"保护改善大熊猫、朱鹮、虎、豹、亚洲象等珍稀濒危野生动物栖息地，建设救护繁育中心和基因库，开展拯救繁育和野化放归。加强兰科植物等珍稀濒危植物及极小种群野生植物环境恢复和人工拯救。"

据环境保护部的数据，目前全国的自然保护区综合监管得到加强。全国已建立各类自然保护区2740个（国家级自然保护区428个），约占陆地国土面积的14.8%，超过90%的陆地自然生态系统类型、89%的国家重点保护野生动植物种类得到保护。[①] 其中，国家级自然保护区428个，约占国土面积的10.0%。目前，中国正在三江源地区和东北地区加快建立为保护亚洲水塔和东北虎豹为目的的国家公园。

---

① 国务院:《"十三五"生态环境保护规划》，2016年11月24日，http://www.gov.cn/zhengce/content/2016-12/05/content_5143290.htm。

第三章

循环经济

——中国突破资源约束的新途径

位于中国江苏省张家港市的沙钢集团，1975年创立之初是一家规模极小的民营炼钢企业。如今，沙钢已成为同行业的翘楚，跻身世界500强，并在2015年与贝卡尔特[①]签订了全球供应协议。沙钢从一个濒临破产的小企业成功转型为世界知名企业，这要归功于其选择了一条循环经济的道路。沙钢建立的"资源—产品—再生资源"的圆周形模式，使96%以上的工业"三废"得以循环再利用。"十二五"[②]以来，沙钢累计投入数十亿元，实施重大节能创新项目100多个，实现了蒸汽、炉渣、煤气、工业用水和焦化副产品"五大循环回收利用工程"。通过变废为宝，沙钢每年循环经济效益占总效益的20%以上，成为企业非钢效益的"绿色"增长点。沙钢将废水、废气和废固回收用于发电或循环利用，产生了较好的经济效益和社会效益，在企业内部实现清洁生产方面极具代表性和创造性。2013年，周边企业都用上了沙钢廉价、质优、稳定的高热值蒸汽，大幅削减社会用煤的同时减少了污染物和温室气体排放，实现了企业效益与社会效益的有机统一。沙钢的经历是中国循环经济发展的一个缩影，其自身鲜活的经历向世界述说着改变生产方式所带来的喜人成绩。

---

① 贝卡尔特集团成立于1880年，由最初的一个小型制造与贸易公司发展而来。经过100多年的发展，贝卡尔特集团已经成为一个总部设在比利时的大型跨国公司。

② 中华人民共和国国民经济和社会发展第十二个五年规划纲要（2011—2015年），简称"十二五"规划。

一、中国迈向循环经济是经济发展的必然要求

中国的地域广阔，但资源并不丰富，人均资源占有量更是与世界平均水平相去甚远。1970 年至 2015 年间，中国人均物质消费量从世界平均水平的三分之一增长到世界平均水平的 1.5 倍。中国已成为世界上最大的原材料消费国，其国内物质消费量是美国的 4 倍，是整个亚太地区增长的 2 倍。

资源紧约束和高消耗迫使中国不得不重新思考发展之路。如何利用有限的资源满足当代人以及后代人物质需要，实现中华民族和全人类永续发展，在更大范围内提高所有物质资源的利用效率？"循环经济"实践给出了答案。循环经济不同于工业革命时期"从摇篮到坟墓"的线性模式，后者以高开采、低利用、高排放为特征。循环经济要求实现"从摇篮到摇篮"的闭环过程，即经济过程必须是高环境效率和高资源效率。循环经济将经济、社会和环境有机整合，实现统筹发展。从可持续发展角度而言，循环经济提供了一种新思路和新模式，是一种历史性的变革。在实践中，循环经济由"动脉产业"[①] 和"静脉产业"[②] 组成。

"循环经济"已经被中国政府明确地确立为科学发展的长期战略。中国的循环经济从 2006 年纳入"十一五"规划进行体制化推进，到现在已经有十年的经历。在这十年中，中国不断从微观、中观、宏观三个层面推动资源的循环利用，努力实现"零污染、零排放"。目前中国是世界上唯一动用国家力量推动循环经济建设的国家，标志性的工作是通过

---

① "动脉产业"是指开发利用自然资源形成的产业，是资源—产品—消费过程。
② "静脉产业"是指围绕废物资源化形成的产业。

"十一五"规划大规模推动循环经济试点。2009年国家级《循环经济促进法》的实施,意味着中国的循环经济进入到制度化全面推进阶段。中国推动循环经济的规模和雄心超过了其他任何国家,不仅实现了日本、丹麦、德国已有的模式[①],还创新推动了"动脉产业"的发展。

截至目前中国已建成了49个国家城市矿产示范基地,28个循环经济教育示范基地,118个循环化改造园区,100个餐厨废弃物资源化利用和无害化处理试点城市,推动了45个再制造试点示范基地和101个循环经济的示范城市建设。

此外,中国在清洁生产、矿产资源综合利用、固体废物综合利用、资源再生利用、垃圾资源化、农林废弃物资源化利用等领域开发了一大批具有自主知识产权的先进技术,并迅速实现产业化。目前在中国,发展循环经济取得了显著的经济、环境和社会效益。2015年末,中国循环经济产值已达2万亿元,解决就业人口接近3000万人。

山东省泰安市餐厨废弃物无害化处理和资源化利用项目

---

① 循环经济的经典模式:杜邦模式、丹麦卡伦堡工业园区、德国的包装物双元回收体系(DSD)和日本的循环型社会模式。

江西省新余市国家"城市矿产"示范基地

贵州省贵阳全国循环经济试点城市

湖南浏阳市全国再制造产业示范基地

杭州大东江循环化改造园区

2015年中国国家统计局设定四项衡量标准对2005年以来循环经济进展进行分析，这四项指标分别是：单位资源产出指数（单位资源产出的GDP）、单位废物排放产出指数（单位废物排放对应的GDP）、废物回用率和污染物处理率（见下图）。数据显示，到2013年，资源消耗指数和废物排放指数分别改善了34.7%和46.5%。这是一个明确的信号，表明中国经济增长不再意味着对金属、水、能源和生物质等资源的更多消耗。经合组织①的统计数据也显示，中国的资源消耗强度从1990年的每GDP单位4.3公斤降到了2011年的每GDP单位2.5公斤，也就是说，中国GDP在变大的同时也在变轻。

2016年3月24日，《自然》杂志发表了一篇名为《来自中国的经验》的评论文章，再度聚焦中国循环经济的政策与实践。文章认为，过去十年里，中国已通过设定目标、实施政策、经济手段和规章制度，在世界范围内领先推动废弃物材料的循环利用，有"最先进的解决方案"。中国经济发展与污染物排放实现成功脱钩。

---

① 经济合作与发展组织，简称经合组织（OECD），是由35个市场经济国家组成的政府间国际经济组织，旨在共同应对全球化带来的经济、社会和政府治理等方面的挑战，并把握全球化带来的机遇。成立于1961年，目前成员国总数35个，总部设在巴黎。

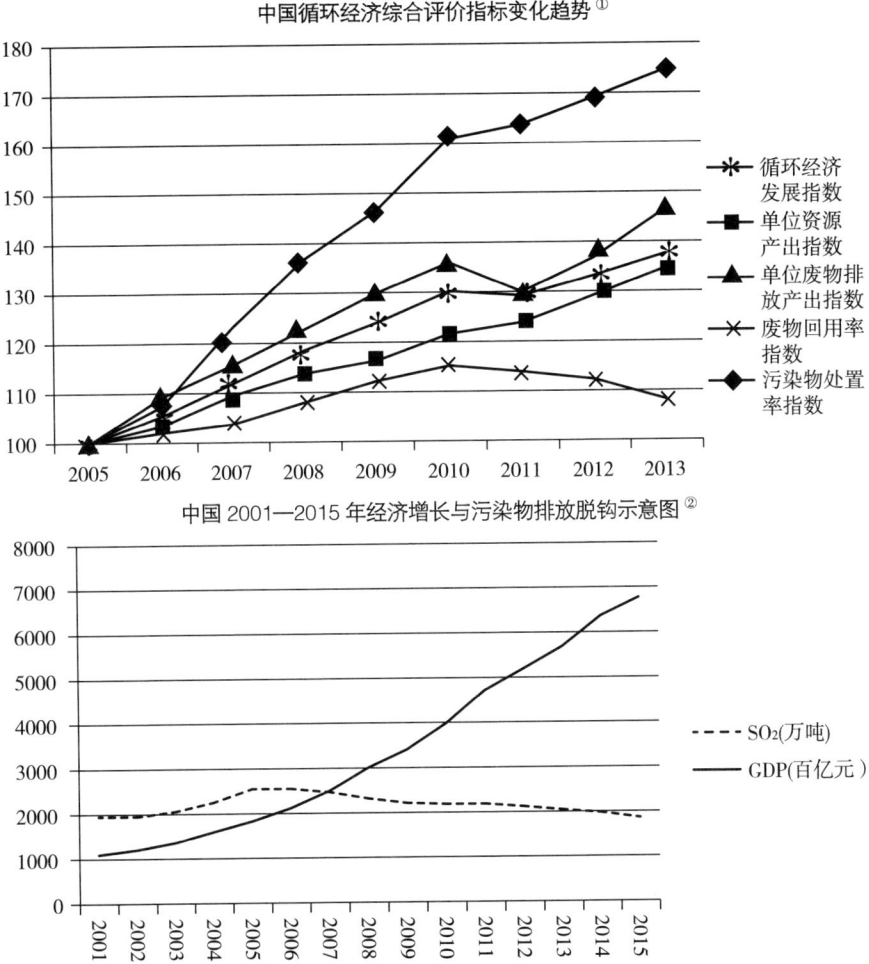

中国循环经济的实践主要有企业"小循环"、工业园区"中循环"和区域"大循环"三种模式。企业"小循环"是在单个企业内部建立起闭环制造流程,通过清洁生产和实现零排放尽可能减少废弃物排放量。"工业园区"是把不同的工厂连接起来共享资源和互换副产品,使得这家工厂的废气、废热、废水、废物成为另一家工厂的原料和能源,在

---

① 数据来源:中国国家统计局
② 数据来源:GDP数据来自于中国国家统计局,SO₂排放数据来自历年《中国环境状况公报》。

更大范围内实现循环利用。区域"大循环"则是从城市和区域的角度出发，构筑包括生产、生活领域的整个社会的大循环。

在中国，企业"小循环"的例子不胜枚举。本文开头提到的沙钢集团只是无数个"小循环"企业中的一家。把"小循环"的企业根据产业链条进行布局，就会形成各具特色的"中循环"园区。针对国内矿产不足但又产生大量废弃资源的现状，中国政府推出了"城市矿产"①示范基地建设，深入挖掘资源的再生价值，形成"中循环"园区。2010年5月，国家发改委、财政部联合下发《关于开展城市矿产示范基地建设的通知》，决定用5年时间在全国建成30个城市矿产示范基地，促进废弃资源再生利用规模化发展②。"天津子牙循环经济产业区"是2010年第一批"城市矿产"示范基地之一，也是中国北方最大的循环经济园。在这里，一堆废旧家电经过分解、粉碎、化学提炼等，摇身变成铜、铁等再生资源，一条条"吃垃圾、吐黄金"的生产线形成了企业内部的"小循环"，整个过程均实现零排放、零污染。这些上游

天津子牙循环经济产业区"国家循环经济教育示范基地"

---

① "城市矿产"指的是工业化和城镇化过程中，产生和蕴藏在废旧机电设备、电线电缆、通讯工具、汽车、家电、电子产品、金属和塑料包装物以及废料中，可循环利用的钢铁、有色金属、稀贵金属、塑料、橡胶等资源。
② 《中国循环经济年鉴》，冶金工业出版社，张勇主编，2016年4月，第301页。

拆解企业的产品进入下游深加工企业后,作为原料进行再加工,产业链条的逐层延伸构建起园区内部企业之间的"中循环"。目前,园区每年可向市场提供再生铜、铝、铁、橡塑材料等150多万吨。2011年中国第一家专业从事城市矿产交易的交易所——武汉城市矿产交易所正式运营,为实现资源循环利用的规模化和市场化打开先河。

"小循环"与"中循环"的实践,最终汇聚在一起形成"大循环"。就区域"大循环"而言,中国最初是从城市"试点试验"着手的。因太湖得名的湖州,上世纪90年代由于环境恶化,出现了"守着太湖没水喝"的窘态。湖州市意识到生态优势才是最大的优势,坚决推进绿色发展,淘汰上游造纸厂等高污染的一大批企业。湖州2005年就成为全国首个采用绿色GDP进行考核的地级市,走出了一条"经济生态化、生态经济化"的新路。目前湖州已全面建成42座污水处理厂及1500多公里配套管网,实现建制镇污水处理设施全覆盖;2008年以来投资221亿元资金,开展太湖流域水环境综合治理九大类项目;组织实施渔民上岸工程,对太湖餐饮船只进行拆除补偿,减少面源污染;制定出台了"以奖代补"办法,真正实现了"谁排污、谁出钱,谁保护、谁得益"的原则。正是这样的重视和投入,使得湖州水环境质量常年保持稳定,湖州入太湖河流断面水质已经从2008年开始全部保持在Ⅲ类水标准及以上。农业方面,桑基鱼塘系统是湖州的一大特色,桑树长起来,用桑叶养蚕,蚕吐出的丝做成丝绸,而蚕的排泄物放进鱼塘里喂鱼,塘里的淤泥清理出来又可用来沃田。这种模式充分阐释了低耗、高效的农业生态循环系统,孕育出中国最发达的蚕桑经济和品质最好的丝绸。

湖州所辖的安吉县,作为中国首个生态县,安吉用不到全国2%的竹产量,创造出了占全国1/4的竹产值。在安吉人的眼里,从竹梢、竹根、竹竿到竹叶,样样都是宝,全县竹产业的循环利用率达到了100%。依靠这支翠竹,安吉人乐享了"生态红利",2015年全县农民仅从竹产业这一项上的人均收入达7800元。工业方面，湖州蓄电池产业的循环发展是一个缩影。以整治长兴县蓄电池行业为例，当地政府将企业数量从原来的175家减少到了30家，企业数量虽然减少了，但通过优化升级，产值反而从18亿增加到220亿，做到了人与铅"零"接触，金属回收率达98%以上，塑料回收率达99%，实现残酸、余热、废水"零排放"。园林式矿山随处可见，是湖州工业循环发展成就的最好佐证。随之而来的，是湖州旅游业从"景点旅游"向"全域旅游"的转变。"游遍江南清丽地，人生只合住湖州"，不再只是诗句，而重新成为眼前的现实。

目前中国的区域"大循环"已经发展到省级"推广示范"阶段。甘肃省是国务院批准的第一个省级国家循环经济示范区。甘肃省资源富集，生态环境脆弱，经济欠发达，发展循环经济是现实选择。经过6年努力，已建立起了覆盖全社会的资源循环利用体系，涵盖7大循环经济基地和16条产业链。循环经济项目投资年均达到600亿元以上，对全省固定资产投资增长的贡献率接近40%；16条循环经济产业链中，有色金属与精细化工、冶金—资源综合利用—冶金化工—新材料等11条产业链的工业增加值，年均增速达到13.6%，11条产业链的工业增加值之和超过全省工业增加值的70%。实现了以年均7.74%的能源消耗增长和0.09%的水耗负增长，支撑了11.91%的经济增长。"十二五"前三年甘肃省单位GDP能耗累计下降了10.87%，达到整个"十二五"节能约束性目标的71%，化学需氧量、二氧化硫、氨氮、氮氧化物四项主要污染物排放指标均控制在国家下达的约束性

陇南模式——梯田（康县）

目标之内，环境质量持续得到改善。甘肃省根据各地资源禀赋建立各有所长的区域性循环经济发展模式。从农业领域而言，既有让荒漠变绿洲的河西模式，也有干旱半干旱区的陇东模式，还有高寒阴湿地区的临夏模式，更有湿润半湿润区的陇南模式。甘肃省推广的全膜双垄沟播技术，不仅最大化利用稀缺的雨水资源显著提高产量，还有效减少了水土流失，为旱作农业区注入前所未有的活力。农村地区更是大力发展沼气循环利用。

河西模式——高效节水（张掖市）

临夏模式——高寒阴湿地区（东乡县）

陇东模式——旱作区全膜双垄沟播技术（庆阳市）

在工业领域，甘肃省推广循环经济典型模式和案例，使循环型工业体系趋于完善。比如，金昌这座背靠荒漠的城市，因为富饶的矿产资源而迅速崛起，又恰恰因为资源锐减，必须走上循环经济之路。金昌市依托金昌公司，采用技术创新对有色金属矿产实现深度资源化循环利用，实现从依赖单一资源产业向多产业融合发展转型。甘肃省省会兰州市通过规范回收、分类处理城市餐厨垃圾，通过再

中国农村地区利用沼气循环图

生利用,生产出生物柴油、生物燃气、固态和液态有机肥,建成了日无害化处理餐厨垃圾 200 吨的资源化利用项目。与 2008 年规划初期相比,甘肃省资源产出效率得到显著提高,且均超额完成规划目标(见下表),远超过国家"十二五"规划提出的五年间"资源产出率"提高 15% 的规划目标。

甘肃省资源产出指标完成情况[①]

资源产出指标	*初始值	规划目标	2014 年实际值	完成情况
资源产出率/元·t^{-1}	1039	3790	4551	超目标值 2.3 倍,在 2008 年基础上增长 238%
能源产出率/万元·t^{-1}	0.50	0.66	0.82	超过目标 24%,在 2008 年的基础上增长 64%
水资源产出率/元·m^{-3}	25.84	46.08	55.87	超过目标 21%,在 2008 年的基础上增长 116%

*初始值指 2008 年规划基值

---

① 数据来源:《甘肃发展年鉴》《甘肃年鉴》和《甘肃统计年鉴》

区域"大循环"的另一个典型代表是柴达木循环经济试验区，是中国系统推进"动脉产业"的最佳诠释。2010年3月15日，国务院批复《柴达木循环经济试验区总体规划》。试验区位于青海省柴达木盆地，占地25.6万平方公里，矿产资源富集，分布有丰富的石油、天然气、煤炭、湖盐、太阳能、风能等资源，是世界上最大的循环经济园区。实验区重点建设"一区四园"，以"综合开发、循环利用"为核心，以资源型、区域型循环经济特色产业发展为特征，以"低度排放、高效利用"为目的。"四园"是指格尔木循环经济工业园，以盐湖化工、石油天然气化工、金属冶金产业融合发展为特色；德令哈循环经济工业园，以盐碱化工、新材料、生物医药、硅产业融合发展为特色；大柴旦循环经济工业园，以能源、煤炭综合利用、盐湖化工一体化发展为特色；乌兰循环经济工业园，以配套盐湖资源开发为主导、以煤炭清洁利用、高原特色生物资源开发为特色。柴达木实验区在盐湖地区构筑起主题鲜明、特色突出的循环产业链。

二、指导中国循环经济发展的理念

"循环经济"的核心是资源的综合利用，物尽其用。中国对于循环经济的理解和实践，已经远超出了修补性和善后性的工作，而是力图从源头设计上实现资源的充分利用。工业文明走过的线性发展"从摇篮到坟墓"的方式，已经被证明不具有可持续性。如何在有限的资源禀赋条件下，使单位GDP消耗的资源量下降，并将污染排放降至最低水平，即提高物质资源的生态效率，是中国迫切需要解决的问题。

"循环经济"所基于的"3R"原则，即减量化、再利用、资源化，要求把经济活动组织成一个"从摇篮到摇篮"的循环发展，所有的物质和能源要能够在这个不间断的循环中得到最合理和最有效的利用，最终使经济增长与资源及环境消耗脱钩。中国发展循环经济依赖的3R原则，首先要求减少进入生产和消费流程的物质量，在过程中延长产品和服务的寿命，最后把废弃物资源化以减少终端处理量。中国从小循环、中循环、大循环三个层面践行循环经济模式，力图将"动脉产业"和"静脉产业"组成一个完整的物质流体系。

"循环经济"的生命力在于其生态效率。资源配置的效率自古以来是经济学研究的中心问题，反映出资源和技术满足人类需求的状况。在现代经济增长理论中，生产函数一般完全不考虑自然资源，只将资本和劳动纳入其中，经济增长的效率是由资本生产率和劳动生产率来反映的，这决定了工业文明时代的技术创新的关注点在于节省劳动和成本。由于循环经济关注物质的输入与输出，因此在中国的统计数据中，已经依据输入端和输出端将生态效率分成两类。输入端的生态效率体现为投入要素的生产率，比如单位能耗的GDP、单位土地的GDP、单位水耗的GDP等；输出端的生态效率体现环境效率，比如单位废水的GDP、单位废气的GDP、单位废固的GDP等。

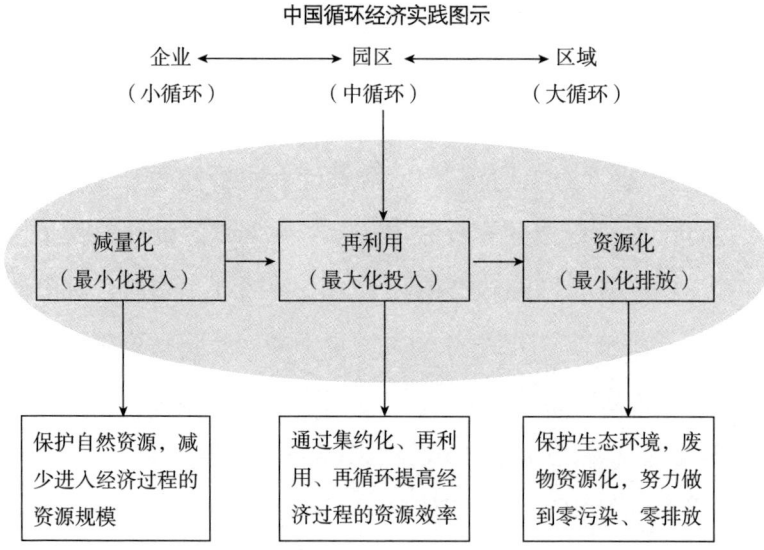

中国循环经济实践图示

在解决环境问题方面，"循环经济"突破了过去开环①性质的末端治理模式，开创了闭环②的全过程管理模式。"循环经济"为环保开启了一扇新的大门，即必须认识到线性经济末端治理模式的局限，因为开环模式本身就决定了资源消耗和污染是必然事件。"循环经济"关注的环境目标，是要在整个流程中从设计上系统节约资源，减少废物，实现经济增长的去物质化。

在促进经济发展方面，"循环经济"不再强调数量性的物质增长，而是关注质量性的服务增长。在循环经济模式下，经济增长不再是以往简单地生产和消费越来越多的短寿命、低质量产品，而是必须提高商品和服务的质量，将资源环境消耗降到最低。循环经济要求使服务质量达到最优，进而实现从"产品优先"社会向"服务优先"社会的转变，在此基础上，才有可能构建真正意义上地服务社会。

在推进社会就业方面，"循环经济"不同于工业革命时期机器取代人的模式，而是增加社会就业。传统线性经济随着演化程度的提高，其链条呈缩短趋势，因而社会就业机会越来越少。"循环经济"通过构建服务型社会，延长了经济链条，从而增加了就业机会。这对一个人口日益增长的世界而言，其社会意义是不言而喻的。

三、中国发展循环经济的探索和经验

循环经济③理念诞生于美国，成长于中国。到目前为止，循环经济在中国的发展大概可以分为两个阶段。1998 年到 2002 年是学术关注的

---

① 开环经济是一种由"资源—产品—废弃物排放"的单向式流程，即传统的线性经济模式。

② 闭环经济是"资源—产品—再生资源"的循环流程，是一种建立在资源回收和循环再利用基础上的经济发展模式。

③ "循环经济"一词，最先由美国经济学家肯尼斯·波尔丁（Kenneth Boulding）1966 年在《即将到来的宇宙飞船世界的经济学》中提出的。

阶段，2003年以来是走向实践的阶段。2002年10月时任国家主席江泽民在全球环境基金第二届成员国大会开幕式上的讲话中提出，"只有走以最有效利用资源和保护环境为基础的循环经济之路，可持续发展才能得到实现"。这是国家领导人首次公开表达中国发展循环经济的重要性和迫切性。2003年时任国家主席胡锦涛进一步强调循环经济对于中国21世纪实施科学发展观的意义。自此以后，有关循环经济的学术文章和报刊文章如雪片般增加，各级政府也通过编制循环经济规划以及建设循环经济项目把新概念推向实践。

中国循环经济势如破竹式的发展，首先得益于良好的顶层设计和整体规划。循环经济是化解经济增长与环境保护、资源供给之间矛盾的新型发展模式，因此需要从产业布局和产业组织结构的优化入手，在国家层面做好顶层设计，在区域和企业层面做好实施方案。

2005年，中国循环经济发展史上第一个纲领性文件——《国务院关于加快发展循环经济的若干意见》出台，首次从国家层面提出循环经济是应对资源过度消耗导致的经济和环境风险的一项重要措施。10年来，中国在顶层规划设计和实施方案方面，共出台了36项制度性文件。2012年，国务院通过《"十二五"循环经济发展规划》，提出要构建循环型工业体系、循环型农业体系、循环型服务业体系，完善财税、金融、产业、投资、价格和收费政策推进循环经济发展。《规划》首次提出资源产出率提高15%的循环经济发展目标。同年，国家发改委和财政部要求，到2015年，50%的国家级工业园区和30%的省级工业园区要完成向循环经济的转型，以实现接近零排放的目标。

2013年，中国循环经济领域的第一个国家级专项规划暨《循环经济发展战略及近期行动计划》出台。《计划》除了明确今后一个时期的循环经济发展任务外，还提出了一个三管齐下的"十百千"战略：建立工业废弃物回收利用、工业园区转型、再制造业、城市矿业和垃圾清理回收系统开发等10个示范工程；在苏州和广州等地创建100循环经济示范城市；在全国范围内扶持1000个示范企业和工业园区。这些项目全部实施后，每年的资源化利用各类废弃物约3亿吨。《2015年循环经济推进计划》则提出要把循环经济要求贯穿到国家实施的重大区域发展战略中，并提出中国将推动和引导再生资源回收模式创新，探索"互联网回收"的模式及路径，积极支持智能回收、自动回收机等新型回收方式。2016年，国家发改委发布《循环发展引领计划》，明确要初步形成绿色循环低碳产业体系，实现企业循环式生产、产业循环式组合、园区循环式改造。发改委和财政部又在对国家循环经济试点示范单位验收和评估的基础上，总结凝练出9条典型经验向全国推广。到2020年实现主要资源产出率比2015年提高15%，工业固体废物综合利用率达到73%，农作物秸秆综合利用率达到85%，资源循环利用产业产值达到3万亿元，75%的国家级园区和50%的省级园区开展循环化改造。

中国通过试验试点探索循环经济与区域发展的有效融合。中国各地资源条件、经济发展水平、产业机构、环境承载能力差异较大，各行业的技术特征和面临的问题各不相同，发展循环经济要结合当地经济发展的实际，对经济存量进行循环化改造，按照循环经济的理念来构建经济的增量。2006年，中国开始通过"十一五"规划推进循环经济的全国性试点。重点行业、产业园区、重点领域及省市层面选择了178家单位广泛试点，经过探索形成了60个循环经济典型模式案例。这种试验试点探索发展循环经济是与区位、资源、产业相结合的有效模式。比如，把甘肃、青海、柴达木等地作为试点，探索在资源富集、经济相对滞后、生态脆弱地区，实现科学发展的循环经济之路；把浙江、深圳等地作为试点，探索在经济较为发达、资源相对匮乏，但制造业基础良好的地区，实现跨越式发展的循环经济道路。很多地方结合本地的实际，将循环经济的发展理念贯彻到区域发展、城乡建设、产业转型升级之中，探索了循环经济与区域发展相结合的有效实现形式。

中国制度化推进循环经济依赖于高度重视法律法规。早在2003年中国就实施了《中华人民共和国清洁生产促进法》，这可以说是推动企业发展循环经济的前身。2009年《循环经济促进法》正式实施，将减量化、再利用、资源化和减量化优先作为重要原则，提出了建立循环经济规划制度、生产者责任延伸制度、抑制资源浪费和污染物排放总量控制制度等重要制度。要求地方和省级政府将循环经济纳入投资和发展战略计划，并对煤炭、钢铁、电子、化工和石化行业制定了相应的目标。同年中国政府还颁布实施了《废弃电器电子回收处理管理条例》，这是循环经济促进法实施后出台的第一个行政法规，在废弃电器电子产品领域建立了生产者责任延伸制。此外，中国还出台了针对循环经济发展的其他法律文件，比如《静脉产业类生态工业园区标准》、《再生资源回收管理办法》等。制定了墙材革新、限塑、防止过度包装等制度政策，发布了200多项循环经济相关的国家标准。甘肃、陕西、大连等试点省市也制定了相应的促进条例，初步形成循环经济法律法规体系，循环经济进入法制化轨道。

在推动循环经济发展进程中，具体落实是通过推动产业优化布局与集群发展来实现的。循环经济发展需要按照产业生态学的原理，构建基于物质流合理化的产业链。通过实施园区循环化的改造、建设循环经济的示范城市等工作，开展产业集群内的企业和项目关联配套互补，推动形成企业间共生的生态网络，促进国家工业布局发展逐步向园区聚集，为实现园区循环化发展提供机遇，也为产业协同发展、城市废弃物实现社会化大循环创造条件。

中国循环经济的有效运转也得益于充分发挥市场机制的引擎作用。发展循环经济必须发挥市场配置资源的决定性作用,在重点领域开始推行生产者责任延伸制度。国家设置了废弃电器电子产品回收处理资金,引导行业规范发展。一些地方设立循环经济产业投资基金等,国家制定鼓励生产和购买使用节能节水专用设备、资源综合利用产品和劳务等税收优惠政策。中央财政设立循环经济发展专项资金,重点支持餐厨废弃物资源化利用和无害化、园区循环化改造、城市矿山示范基地、汽车再制造、以旧换代等工作。

中国政府非常重视科技创新对循环经济的支撑作用。技术创新是资源能循环、产业能生存的关键。科技部设立清洁生产与循环经济关键技术与示范、循环经济决策支持与系统构建等国家科技支撑重大项目。国家发改委批准建设了机械产品再制造国家工程研究中心、废弃物资源化利用国家工程研究中心,发布电力、钢铁、有色金属、石化、建材等重点行业循环经济支撑技术,以及国家鼓励的循环经济技术工艺和设备的目录。工业和信息化部、环境保护等部门,也从不同角度加快先进技术装备的推广应用,增强废弃物资源循环利用的技术革新性能。在重点行业、重点领域,从省市、园区、企业等多个层面开展循环经济的示范试点,对难点问题进行制度管理双创新,探索出循环经济模式并在全国推广。

中国在财政和税收两方面对循环经济发展给予有力支持。2007年以来,财政部对节能产品的中央财政补贴超过400亿元。对于资源再生利用型企业和行业,国家给予大量税收优惠,比如对在规定范围内的节能节水的外商投资项目和进口设备,免征关税和进口增值税;对境内投资于节能、节水等技术改造的企业,其项目所需国产设备投资的40%可从新增的企业所得税中减免;对资源综合利用的企业行为免征增值税、增值税即征即退、增值税减半征收或减免所得税等。

虽然中国发展循环经济取得了一些成绩和值得推广的经验，但仍面临一些内生性约束。要实现可持续的循环经济，则必须满足两个条件。一是有链接技术确保各个环节实现有效链接，废弃物是放错地方的资源，如何化腐朽为神奇，这对技术创新提出了要求；二是经济政策保证各个环节可获得经济收益，如何将企业串联起来，既解决存量问题又解决增量问题，这对政策创新提出了要求。比如，发展循环经济需要依靠市场机制，前者要解决人类社会面临的资源短缺和环境污染问题，后者则追求利益最大化，二者天然地存在矛盾。因此，必须要出台相关政策进行引导和扶持。再比如，众所周知，要拉长循环经济产业链，链接技术发挥关键作用，对技术创新的要求是既要产生良好的经济效益和社会效益，又不能对环境造成二次污染。因此，世界范围内分享循环经济中的链接技术，对循环经济的可持续发展有重要意义。

经过10余年的努力，中国的循环经济发展已经取得阶段性成果，为中国的经济、生态和社会可持续发展指明了方向，更是中国生态文明建设的重要成就。中国循环经济的经验和成就，也为发展中国家提供了可供借鉴的样本。世界正面临从工业文明迈向生态文明的关键时期，从线性经济向循环经济转换是保证世界资源的唯一道路。可以说，中国的循环经济发展战略在弥合国家经济发展和生态可持续性的矛盾上，已经迈出了稳健的步伐。我们希望中国经验可以为世界经济转型提供借鉴，我们更希望汇集全球智慧，共同实现地球的可持续发展。

第四章

建设低碳韧性、智慧宜居城市

——迈向可持续城市

阳光明媚的早晨,中国海南省第十小学近600名学生开始了幸福多彩的校园生活,他们嬉闹在光影变化的林荫道上、在池塘边和小乌龟玩耍、认识缤纷多彩的植物世界。然而,这里曾经是

中国海南省三亚市雅安村湿地系统

一片荒野空地,目前已成为三亚首个海绵城市建设项目——海绵校园,雨水花园、渗透塘、下沉式绿地、生态调节沟构成了最美生态校园。位于三亚市崖州区的雅安村也正发生着惊人的变化,昔日处理不当的生活污水、臭水塘困扰着雅安村民的生活,如今这里不仅污水和垃圾处理达标,而且处处可见优美的绿地景观、花草植被。实际上,海南三亚绝不是中国绿色发展的个案,为了解决城市内涝、城市缺水等问题,水系统弹性城市——海绵城市已成为中国在新时期对可持续理念的最新发展和实践。2013年12月12日,习近平主席在"中央城镇化工作会议"上指出,建设的每个细节都要考虑对自然的影响,更不要打破自然系统,解决城市缺水问题,必须顺应自然,建设自然积存、自然渗透、自然净化的海绵城市。近年来,国家发改委、住建部、全国爱卫办等部门主导发起的生态城市、低碳城市、气候适应型城市、智慧城市、健康城市、海绵城市等实践,均属于可持续城市建设的范畴,是新时期可持续发展理念在中国的最新实践和探索。

一、可持续发展是中国城市转型的必然选择

改革开放以来,中国经历了世界历史上规模最大、速度最快的城镇化进程。从1978年到2017年,中国城镇化率由19.72%提升至58.52%(比世界平均水平高约1.2个百分点),年均提高约1个百分点,城镇人口由1.7亿人增加到8.1亿人,城市数量由193个增加到657个,创造了全国80%的经济总量。2010年—2017年间,城镇人口增长近1.5亿人,年均增长达到2112万人,比欧洲一个中等人口规模国家的总人口还要多。可以说,中国城镇化是世界上规模最大的人口城镇化过程,史无前例。

与同期世界城镇化进程相比,中国城镇化取得的成就也是显著的。按照联合国经社理事会[①]提供的数据,从1980年到2015年,世界城镇化率从39.4%提高到54.9%,年均提高幅度仅有0.44个百分点;而同期中国则从19.4%提高到56.1%,年均提高幅度高达1.05个百分点。这期间,世界发达地区城镇化率由70.1%提高到78.0%,平均每年仅提高0.27个百分点;世界欠发达地区由29.5%提高到48.0%,年均提高幅度也只有0.53个百分点(见下图)。

虽然世界上也有一些国家特别是东亚国家和地区,也经历了城镇化的高速增长过程,但是其城镇化规模远远无法与中国相比。

[①] 联合国经济和社会理事会(简称"经社理事会",Economic and Social Council,即ECOSOC)是协调14个联合国专门机构、10个职司委员会和5个区域委员会的经济、社会和相关工作的主要机构,是《联合国宪章》规定的联合国6个主要机关之一。

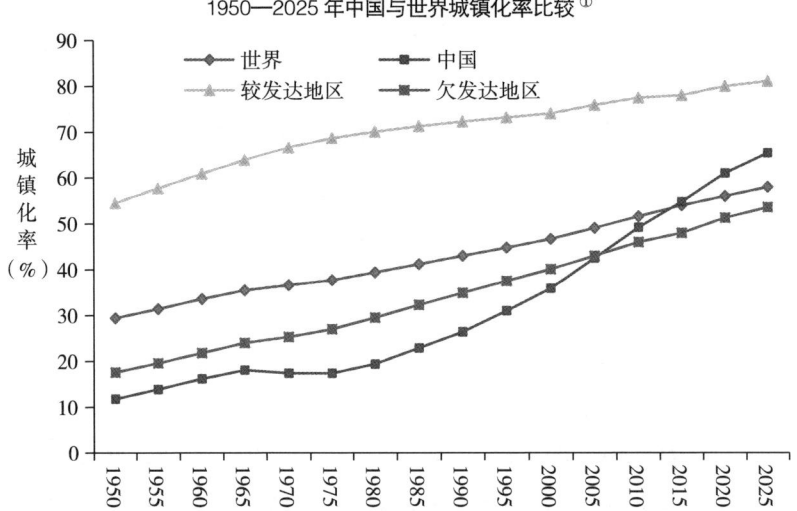

1950—2025年中国与世界城镇化率比较①

纵观发达国家的发展历程，快速的人口增长、城镇化及工业化导致资源短缺，急促发展使其面临越来越多的风险，不少国家是以牺牲环境为代价，之后再通过低碳、循环等方式来治理。中国在短短的几十年内完成了西方发达国家经历上百年时间才走过的城镇化进程，取得了持续高速经济增长和大规模城镇化的辉煌成就，但在城镇化快速发展的同时，也同样面临着资源环境约束不断加强，环境污染、供给不足、交通拥堵等一系列威胁城市健康、可持续发展的问题。

在这个过程中，中国政府越来越认识到过去城镇化加速推进的低成本支撑环境已经不复存在，亟待新的城市发展理念来促进城市的转型、可持续发展。李克强总理指出，"中国30多年的改革发展，可以说走过了西方发达国家几百年走过的路。所以，环境等许多问题在短时间内集中地在中国反映，这是一个特殊的现象"。②因此，中国绝不能走"先污染后治理"的发展道路。中国早在1994年就率先制定和公布了《中国21世纪议程》，提出中国可持续城市的目标是：建设规划

---

① 此表显示2015年之前为实际值，2020、2025年为预测值。
② 李克强（2013）：《中国政府要铁腕出击整治现有污染》，人民网 http://politics.people.com.cn/n/2013/0910/c1024-22875347.html，2013年9月15日。

布局合理，配套设施齐全，有利工作，方便生活，住区环境清洁、优美、安静，居住条件舒适的城市。进入21世纪，中国将全面建设小康社会，并在21世纪中叶，即新中国建国一百年时，基本实现现代化，中国更加注重在经济、社会、环境、文化等领域的建设均体现可持续发展的理念。

近年来，中国坚定践行可持续发展理念，在经济建设和社会发展中倡导绿色、生态、低碳、循环的理念，力争改变以资源耗竭、环境污染支撑经济增长的发展方式，在可持续城市建设方面走出了一条兼顾发展、和谐、创新的特色路径，城市供水、供电、供气、道路和信息基础设施等条件，以及医疗、教育、文化、体育、社会保障等公共服务水平明显改善。

数据显示，截至2015年，中国城市供水能力2.97亿立方米/日，用水普及率98.1%；天然气供应量约1040.8亿立方米，燃气普及率95.3%；污水集中处理能力1.4亿立方米/日，污水处理率91.9%；生活垃圾无害化处理能力57.7万吨/日，无害化处理率94.1%；城市道路总长度36.5万公里，人均城市道路面积15.6平方米，很多大城市建设了地铁、轻轨等轨道交通，全国铁路运营里程达到12.1万公里，全国高铁里程1.92万公里，城市轨道交通线路总长度3612公里，每万人拥有公交车辆13标台，立体化交通体系基本形成。包括水电、风电、核电、天然气等在内的清洁能源消费占能源消费总量的17.9%，达到绿色建筑标准的建筑总面积为4.4亿平方米，城市建成区绿化覆盖面积210.5万公顷，绿地率36.4%，人均公园绿地面积13.35平方米，城市绿色可持续发展平稳推进；防洪排涝设施增强，可抗御常遇洪涝灾害。城市的可持续发展水平得到了大幅提升。[①]

[①] 数据来源：《中国人居报告》，中华人民共和国住房和城乡建设部，2016年10月；徐绍史主编，《国家新型城镇化报告2015》，北京：中国计划出版社，2016年3月。

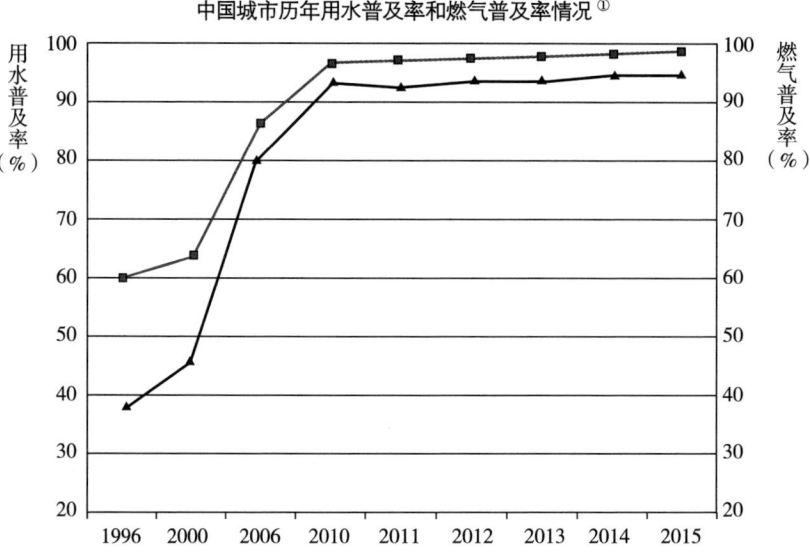

中国城市历年用水普及率和燃气普及情况①

中国不断加强环境建设,促进生态、节能、环保的住区发展,积极创建环保模范城市、"资源节约型和环境友好型社会"建设综合配套改革试验区,开展生态示范城市、低碳试点城市,推进海绵城市、气候适应型城市、健康城市、智慧城市、资源枯竭型城市建设。同时,各地还大力推进绿色基础设施建设,如绿色交通、绿色建筑、新能源汽车充电基础设施建设等,使城市的发展更加低碳、安全、舒适、智慧、有活力,发展更具可持续性。这些丰富多样的可持续城市建设实践凸显了中央和地方政府对可持续理念的深入贯彻和实施。

中国积极通过"低碳生态示范市"、"绿色生态城区"、"绿色低碳示范小镇"等形式对生态城市建设进行实践,引领城市转型,改善人居环境,促进城市可持续发展。2010、2012 年中国国家发改委分别公布了 5 省 8 市第一批低碳城市试点、29 个省市的第二批低碳城市试点。截止到 2015 年,所有低碳试点省市(共 42 个)的人口、GDP 和碳排放总量占全国比重分别达到 42%、57% 和 56%,可以说,中国低碳城

---

① 数据来源:根据历年《中国城市统计年鉴》整理绘制。

市的建设和推广在世界范围内也具有深远的影响。低碳城市试点也逐渐成为检验中国应对气候变化政策效果的"试验田"和"桥头堡"。各试点城市根据国家层面的顶层设计和战略部署，结合自身需求和特色开展了一系列的探索实践。

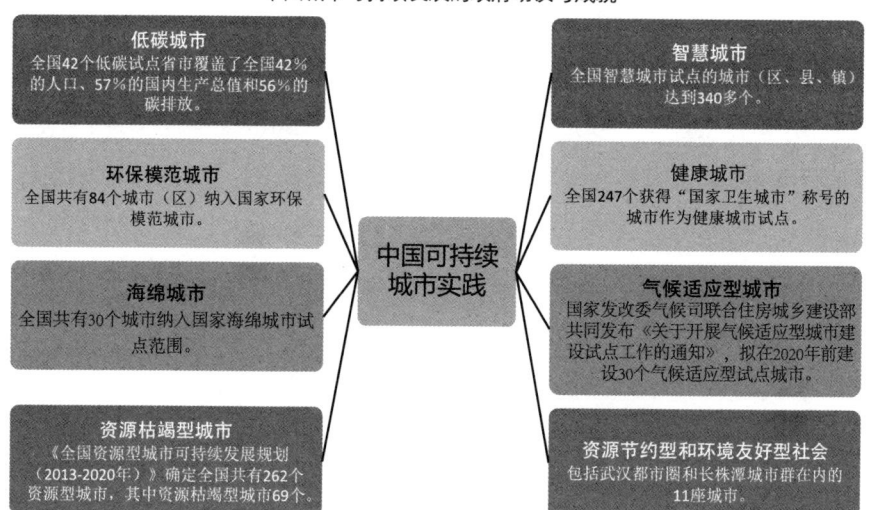

中国城市可持续发展的政府动议与成就

经过探索和不懈努力，这些低碳试点城市的碳排放强度下降幅度明显，降幅明显高于全国平均碳强度降幅，单位 GDP 二氧化碳排放下降率也明显高于非试点地区。通过开展低碳城市发展规划、多种形式的能力建设，各地普遍认识到低碳发展理念的重要性，尤其是坚持将低碳发展贯穿于经济转型和产业结构升级的过程中，低碳发展也成为当下中国各地倒逼经济转型、促进产业创新、形成新经济增长点的重要途径和手段。同时，各试点城市在碳排放权交易、低碳交通运输体系、低碳工业园区、低碳社区、低碳商业等不同领域进行了先行探索，探索了各具特色的低碳发展模式，积累了其他地区可资借鉴的经验。其中，广元市在管理机构方面率先试验，成立了专门的低碳发展管理机构——低碳发展局，镇江等试点城市率先建立了企业碳排放报告制度及碳排放管理平台，广州市则探索建立了碳普惠制，以最大限度激励小微企业、个人和家庭进行节能减碳。① 根据规划,"十三五"期间中国的低碳试点城市将进一步扩大到100个,并大力开展"近零碳排放区"示范工程。

低碳城市——中国贵州省青岩古镇

低碳城市是中国可持续城市建设的重要模式,其核心目标是找到发展与低碳的双赢模式,经过近些年的探索和试点取得了丰富的硕果。中新天津生态城位于天津滨海新区,占地30平方公里,是由中国与新加坡两国政府合作共建的一片生态"试验田",为中国城镇化建设探路。生态城内社区住宅楼顶、阳台大都安装了太阳能板,道路两旁的路灯采用了风光互补的LED路灯,以充分利用沿海风能优势。在中央大道两侧,太阳能光伏板沿路排开,绵延超过6公里。不可思议的是,这座绿色盎然的新城,过去三分之一是盐碱荒地,三分之一是废弃盐田,还有三分之一是污染水面。初春时节,站在生态城最大的景观湖清净湖畔可以看到,碧水蓝天下,湖岸边芦苇迎风舞动,时而有水鸟从水面上划过。然而,这座湖曾是一个占地3平方公里,积存了40多年工业污水,治理难度堪称世界难题的污水库。经过3年的不懈努力,最终治理污水215万方,污泥385万方。湖底含有重金属的污泥被烧

---

① 庄贵阳(2016):《以低碳城市建设引领低碳发展》,《中国社会科学报》,2016年11月。

制成陶粒，用在了后来的城市美化当中，目前，生态城污染底泥无害化处置和资源化利用技术，已申请成为国家专利。动漫公园、蓟运河故道、永定洲等城市公园相继建成。生态城还建立了规范化、标准化的"生态小区—生态社区—生态片区"三级居住模式。随着积累的经验越来越丰富，生态城逐渐形成了"中新天津生态城指标体系"，真正形成了可借鉴、可推广、可复制的生态城市样板。被称为世界"生态城之父"的艾洛·帕罗海墨教授就认为："不是说一个生态城就能拯救全球，但中新天津生态城会带来更多的生态城市。"

| 中国中新天津生态城

近年来，中国可持续城市建设的另一种模式——海绵城市在全国各地得到了普遍推广和探索。海绵城市充分利用河、湖、池塘等水系，以及绿地、花园、可渗透路面、道路透水铺装等城市配套设施，通过这些天然和人工"海绵体"让雨水进行自然渗透、自然积存、自然净化，逐步消除污染物，实现环境的自然净化。2015年和2016年财政部、住建部和水利部联合启动了第一批（16个试点城市）和第二批（14个试点城市）海绵城市试点。根据住建部城市建设司水务处提供的信息，2015年的16个试点城市计划建设项目共计992个，投资279亿元。[①]

海南省三亚市是中央财政支持海绵城市建设试点之一。三亚市位

[①] 李曼曼（2016）：《海绵城市建设之问题思考》，《中国城市报》，2016年11月28日。

于中国海南岛的最南端,是中国最南部的热带滨海旅游城市,也是中国东南沿海对外开放黄金海岸线上最南端的对外贸易重要口岸。几十年前的三亚,山为屏障,水系丰盈,海岸线漫长而美丽,处处如画,民俗文化特色鲜明。而随着城市的不断扩张与旅游业的快速发展,使得用海需求不断扩大,部分海湾地区,对海岸线资源的利益存在着侵蚀公共利益的情况,脆弱的生态遭到破坏,环境污染、交通拥堵等各类"城市病"逐渐显现,曾经的城市山水慢慢失去了其固有的特色,无论是本地居民还是游客都为之感到惆怅。

2015年以来,三亚正式开始了海绵城市建设,将海绵化理念融入城市建设的方方面面,先后修复受损山体11.7万平方米,修复海岸带15公里,补植红树林4万多株。如今,随着海绵城市的建设,三亚的山水逐渐复苏,绿意盎然又重新回归到了这座山水相连的城市。东岸湿地公园是三亚市区内最大的淡水湿地,但随着大量候鸟、人口的涌入以及疏于保护,湿地功能逐渐退化。近年来,三亚通过建立生态海绵系统,着力恢复东岸湿地公园的生态净化功能,通过设计建设湿地净化陂塘带,不但净化了排入湿地的城市雨水,还可以根据雨量滞蓄调节上游来水,最大限度地保证湿地水量和水势的稳定。同时,局部湿地设计了成群的榕树岛,建立鹭鸟栖息地,形成"水上森林",恢复生物多样性,打造"三亚绿肾"。

中国政府不仅从环境建设、生态修复、基础设施提升等方面推进可持续城市的建设,而且在城市建设中日益重视以促进人的健康和发展为中心,注重城市是否能使人们能够充分享受生命和发挥潜能,更加关注城市是否能够为人们提供健康服务和健康环境,积极与国际卫生组织合作,在城市发展中全面推进健康发展,应对和解决威胁城市健康发展的各类问题和挑战。

中国海南省三亚市白鹭公园

中国的健康城市建设起步于20世纪80年代末，由全国爱国卫生运动委员会组织开展的"国家卫生城市"创建运动，开启了具有中国特色的健康城市探索。1994年，中国卫生部与世界卫生组织合作，选择北京市东城区、上海市嘉定区开始启动健康城市建设项目试点。随后，重庆市渝中区、海口市、大连市、苏州市、日照市等也先后加入到健康城市建设行列。2001年，苏州市提出健康城市建设目标，成为中国第一个正式向世界卫生组织申报的城市，2003年发生的"非典"（SARS）事件，让全社会深刻认识到健康城市的重要性，许多城市纷纷加快了健康城市建设步伐。2016年8月国务院印发了《健康中国2030规划纲要》，明确提出要把健康城市建设作为推进健康中国发展的重要抓手，标志着健康城市进入全面建设阶段。在中国政府的积极努力下，中国居民的健康意识和卫生文明素质明显提升，合理膳食、适量运动等健康生活方式日益普及，全民健康素养水平由2008年的6.48%提高到2015年的10.25%。中国居民的人均预期寿命由2000年的71.4岁提高到2015年的76.34岁，高出世界平均水平近5岁（2015年全球人口平均预期寿命为71.4岁），位居发展中国家前列。

克拉玛依市坐落于中国的准噶尔盆地西北缘，是世界上唯一以石油命名的城市。2007年，全国爱国卫生运动委员会办公室确定克拉玛依市为全国建设健康城市试点城市，全市先后实施了"全民健康生活方式工程"、"全民健康环境优化工程"、"全民健康食品放心工程"、"全社会健康文明行为工程"、"全社会健康细胞工程"五大健康工程。目前，克拉玛依市的基本养老保险覆盖率达到

中国新疆维吾尔自治区克拉玛依市

了82.66%，并建立了覆盖全部社区的居家养老服务体系，城镇登记失业率0.7%，环境空气质量优良天数占比达到92%，人均期望寿命达到80.7岁，多项健康指标优于全国平均水平。建市50多年来，克拉玛依从当初"没有草、没有水，连鸟儿也不飞"的戈壁荒滩，发展成为一座经济充满活力、环境充满魅力、社会繁荣和谐、人民安居乐业的现代化宜居城市。

二、可持续发展理念的渊源及时代价值

中国的可持续发展理念由来已久，诞生于2500年前的道家思想就崇尚"天人合一"、"道法自然"的理念，这一理念打破了人类中心论的观念，深化了人对自然的认识，提高了人的生态道德水平，即在人

与自然的关系中，人不是自然的主宰，而应协助自然，与自然共同发展，这也是中国关于生态和可持续发展思想的最早起源。"道法自然"的思想也让当代人反省当前乱伐山林、破坏植被造成水土流失、农田和湿地等自然生态透水性差、质地坚硬的马路和鳞次栉比的摩天大楼覆盖自然的土地、城市的"呼吸系统"受到严重破坏，是时候思考如何建立人与自然的和谐关系了。

中国可持续城市理念的提出与实践，是建立在正确认识中国城市发展规律和中国快速城镇化这一特殊现实的基础上的。众所周知，中国的耕地资源、水资源和能源资源等人均占有量低、空间分布不均匀，适合宜居的地区仅占陆地国土面积的19%[①]，这对城镇化空间布局提出了更高要求。因此，中国的城镇化是在人口多、资源相对短缺、生态环境比较脆弱、城乡区域不平衡的背景下推进的，这决定了必须从这一最大实际出发，遵循城镇化发展规律，走可持续发展的道路。国际经验表明，城镇化地区在发挥聚集效应、促进劳动力市场共享、技术进步和创新、知识传播和溢出、降低交易成本等方面具有明显的优势，因此，合理的城镇化进程能够有效提升生产效率、促进经济增长和社会繁荣。目前，中国的京津冀、长江三角洲、珠江三角洲三大城市群以2.8%的国土面积集聚了18%的人口，创造了36%的国内生产总值，是拉动经济快速增长和参与国际经济合作的重要平台载体。聚集效应同样可以出现在专业化程度较高、并与大都市区建立交通连接的中小城市。不过，如果缺乏良好的环境意识和公共政策，这种聚集效应就可能被污染、交通拥堵、高涨的生活成本等聚集不经济效应所抵消。

随着经济社会的不断发展，中国的可持续发展理念不断丰富拓展，

[①] 苏明等（2016）：《制度变迁：加快推进新型城镇化的对策建议》，《经济研究参考》第50期，第20—27页。

城市的经济、社会、环境、文化等各领域的发展均体现可持续、绿色的理念，可持续城市成为探索中国特色城市发展道路的一种重要模式。可持续城市是在经济、生态、社会、文化等领域能够得到永续维持的城市，可持续城市建设的根本目标是改善城市生活质量，不给后代遗留生态、经济等负担，能够远离各类环境灾害，持久地保持自身的安全运行。[①]因此，如何从城市的现实条件和未来发展需求出发，逐步缩小城市现实和可持续目标之间的差距，从而达到可持续城市的理想状态，则是城市可持续发展亟待解决的核心问题。从实践层面来看，为了缓解工业化、城镇化快速发展带来的各种风险，中国在发展过程中提出了不同的城市模式，例如低碳城市、绿色城市、海绵城市、气候适应型城市、智慧城市、健康城市和创新城市等，这些均是可持续理念在中国城市的创新实践。

文化是城市的精神和灵魂所在，城市文化是城市发展的根本动力，中国的可持续城市建设历来重视文化的传承与创新。习近平总书记在2013年中央城镇化工作会议上提出"让居民望得见山，看得见水，记得住乡愁"的人文理念，为可持续城市建设指出了一个重要方向。《国家新型城镇化规划》提出，要发掘城市文化资源，强化文化传承创新，把城市建设成为历史底蕴深厚、时代特色鲜明的人文魅力空间。各地在古城保护开发、历史文化保护与传承、城市文化品牌塑造、公共文化服务体系构建和文化产业发展方面取得了显著成效。例如，中国的西安市拥有7000多年文明史、3100多年建城史、1100多年建都史，是中国四大古都之一，国务院公布的首批国家历史文化名城之一。保存

[①] 杨东峰、毛其智、龙瀛（2010）：《迈向可持续的城市：国际经验解读——从概念到范式》，《城市规划学刊》第1期，第49—57页。

完整的历史文化脉络，是西安最突出的城市特色。从1980年完整保护明城墙，到"三唐"工程，再到曲江新区、浐灞生态区的建设，西安致力于名城保护，实现了社会、经济、文化的多赢，走出了一条以文化传承与创新为主线的可持续城市发展道路。

中国陕西省西安明城墙

从全球范围来看，可持续城市建设的实践可谓丰富多样，为了确保对可持续城市发展的政治承诺、评估当前成就和问题，以及新增问题带来的挑战，联合国人类住区规划署（The United Nations Human Settlements Programme）、中国国家相关部委和智库机构等，对可持续城市的指标体系进行了大量研究和探索，从人居环境、资源转型、生态宜居、健康智慧等角度各有侧重地建立了衡量城市发展的评价指标体系（见下表）。这些指标体系既与可持续城市紧密相连，又有所区别，但毫无疑问均积极有效推动了可持续城市的建设与发展。

总体而言，未来中国的可持续城市建设不仅仅是应对城市所面临的各种挑战，而是进一步抓住发展带来的机遇，实现土地开发的合理规划性、住房需求的合理化、城市流动人口的工作机会均等化、环境的可持续化、公共服务均等化发展，不断协同平衡城镇化发展的速度和质量，以积极行动促进中国的人类发展，强化治理机制和城镇化发展，科学理解并实践经济、社会和环境之间的联系。

可持续发展的指标体系一览表[①]

研究机构	指标名称	指标体系	发布时间
联合国	可持续发展指标	1. 社会（失业率）；2. 经济（人均GDP、在GDP中净投资所占的份额、在GDP进出口额所占的百分比）；3. 环境（地下水和地面水的年抽取量、国内人均耗水量、土地利用的变化、森林采伐强度、温室气体的释放、硫氧化物的释放、氮氧化物的释放、消耗臭氧层物质的消费）；4. 机构	1992年
世界卫生组织	健康城市指标	1. 为市民提供清洁安全的环境；2. 为市民提供可靠和持久的食物、饮水和能源供应，并具有有效的清除垃圾系统；3. 通过富有活力和创造性的各种经济手段，保证市民在营养、饮水、住房、收入、安全和工作方面达到基本要求；4. 拥有强有力的相互帮助的市民群体，其中各种不同的组织能够为改善城市的健康而协调工作；5. 使市民能一起参与制定涉及他们日常生活，特别是健康和福利的各种政策；6. 提供各种娱乐和休闲活动场所，以方便市民的沟通和联系；7. 保护文化遗产并尊重所有居民（不分种族或宗教信仰）的各种文化和生活特征；8. 把保护健康视为公共政策，赋予市民选择利于健康行为的权利；9. 努力不懈地争取改善健康服务质量，并能使更多市民享受健康服务；10. 能使人们更健康长久地生活和少患疾病	1996年
联合国	千年发展目标	1. 消灭极端贫穷和饥饿；2. 普及小学教育；3. 促进男女平等并赋予妇女权利；4. 降低儿童死亡率；5. 改善产妇保健；6. 与艾滋病毒/艾滋病、疟疾和其他疾病做斗争；7. 确保环境的可持续能力；8. 全球合作促进发展	2000年
UNDP	人类发展指数（HDI）	1. 预期寿命指数（出生时预期寿命）；2. 教育指数（平均受教育年限、预期受教育年限）；3. 收入指数（人均国民收入）	2010年
联合国	可持续发展目标（SDG）	消除贫困、消除饥饿、良好健康与福祉、优质教育、性别平等、清洁饮水与卫生设施、廉价和清洁能源、体面工作和经济增长、工作创新和基础设施、缩小差距、可持续城市和社区、负责任的消费和生产、气候行动、水下生物、陆地生物、和平正义与强大机构、促进目标实现的伙伴关系	2015年

---

① 资料来源：(1) 叶文虎、全川（1997）：《联合国可持续发展指标体系述评》，《中国人口·资源与环境》，第9期。(2) 宜居城市科学评价标准 http://wenku.baidu.com/view/cdf46d601ed9ad51f01df2cc.html (3) UNDP, 2010, 《2010年人类发展报告：国家的真正财富：人类发展进程》；(3) 叶妮·克鲁格曼、弗兰西斯科·罗德里格斯、崔亨金：《人类发展指数2010：新争议、旧批判》，《经济不平等》，2011年第9卷，第2期，第249—288页。(4) 上海社会科学院信息研究（2014）：《全球智慧之都评估报告》。

续表

研究机构	指标名称	指标体系	发布时间
奥雅纳	"智慧—绿色—韧性"城市	1. 智慧（日常生活、交通、经济及城市基础设施等）；2. 绿色（规划融合自然的生态系统，把绿色技术运用在能源、水、废物、交通等基础建设之中）；3. 韧性	2014年
全国爱卫办	国家卫生城市标准	爱国卫生组织管理（4项）、健康教育和健康促进（4项）、市容环境卫生（8项）、环境保护（4项）、重点场所卫生（4项）、食品和生活饮用安全（5项）、公共卫生与医疗服务（8项）、病媒生物预防控制（3项）	2010年、2014年
中国城市科学研究会	宜居城市科学评价标准	1. 社会文明（政治文明、社会和谐、社区文明、公众参与）；2. 经济富裕度（人均GDP、城镇居民人均可支配收入、人均财政收入、就业率、第三产业就业人口占就业总人口的比重）；3. 环境优美度（生态环境、气候环境、人文环境、城市景观）；4. 资源承载度（人均可用淡水资源总量、工业用水重复利用率、人均城市用地面积）；5. 生活便宜度（城市交通、商业服务、市政设施、教育文化体育设施、绿色开敞空间、城市住房、公共卫生）；6. 公共安全度（生命线工程完好率、城市政府预防、应对自然灾难的设施等）	2005年
国家环保部	环境保护模范市	经济社会、环境质量、环境建设、环境管理4项一级指标和若干项二级指标	1997年
国家环保部	生态县、生态市、生态省建设指标	经济发展、生态环境保护、社会进步3项一级指标和若干项二级指标	2007年
中华人民共和国住房和城乡建设部	中国人居环境奖评价指标体系	1. 居住环境（住房与社区、市政基础设施、交通出行、公共服务）；2. 生态环境（城市生态、城市绿化、环境质量）；3. 社会和谐（社会保障、老龄事业、残疾人事业、外来务工人员保障、公众参与、历史文化与城市特色）；4. 公共安全（城市管理与市政基础设施安全、社会安全、预防灾难、城市应急）；5. 经济发展（收入与消费、就业水平、资金投入、经济结构）；6. 资源节约（节约能源、节约水资源、节约土地）	2010年
全国爱卫办	中国健康城市指数	1. 健康环境指标（空气质量、水质、垃圾废弃物处理、其他相关环境）；2. 健康社会指标（社会保障和就业、住房、身体活动、职业安全、食品安全、文化教育、养老、健康细胞工程）；3. 健康服务指标（慢性病管理、精神卫生管理、妇幼卫生管理、传染病管理、卫生资源）；4. 健康人群指标（健康水平、传染病、慢性病）；5. 健康文化指标（健康素养、健康行为、健康氛围）；6. 组织保障指标（健康政策、规划实施）	2016年

三、可持续城市建设的政策实施与成效

1991年，中国发起召开"发展中国家环境与发展部长会议"，会上发表《北京宣言》；1994年，中国率先制定和公布了《中国21世纪议程》，提出中国可持续城市的建设目标。进入21世纪以来，中国根据自己的实践，在科学发展观的指导下，相继提出走新型工业化发展道路、建立资源节约型、环境友好型社会，建设生态文明等新的发展理念，在这些理念指导下中国政府积极进行顶层设计和战略部署，切实有效的推动了城市结构、城市功能、城市管理和城市运营向可持续城市的全面转变。将可持续发展的理念融入国家发展战略、制度建设和中长期规划中，并结合中国的实际进行实践创新，是中国推进可持续城市建设成果斐然的重要因素，同时也为全球的可持续城市建设作出了积极贡献。

健全与可持续城市建设相适应的制度保障。在城市的环境保护和生态建设方面，中国政府相继出台了《国务院关于印发"十二五"控制温室气体排放工作方案的通知》（2011年）、《大气污染防治行动计划》（2013年）、《环境保护公众参与办法》（2015年）、《水污染防治行动计划》（2015年）、《土壤污染防治行动计划》（2016年）和《"十三五"控制温室气体排放工作方案》（2016年）等政策文件。尤其是在城市空气治理方面，中国逐步建成了发展中国家最大的环境空气质量检测网，全国338个地级以上城市全部具备PM2.5等六项指标检测能力。并在此基础上，每年印发"全国大气污染防治工作要点"。"大气十条"要求在京津冀、长三角和珠三角等重点地区，建立健全区域联防联控协作机制；建立空气质量目标改善预警制度，每季度向各省（区、市）人民政府通报空气质量改善情况，对改善幅度明显的省份和城市进行表扬，对进展缓慢、工作不力的省份和城市进行督办；

对全国重点城市进行督查,重点督查各类工业园区及工业集中区以及火电、钢铁、水泥等重点行业。

该计划实施以来,中国城市环境空气质量总体改善,PM2.5、PM10、NO_2、SO_2和CO年均浓度均逐年下降,大多数城市重污染天数减少,2015年全国首批实施新环境空气质量标准的74个城市PM2.5的平均浓度比上年下降14.1%。[①]"十二五"期间,中国实施了《重点流域水污染防治规划》,全面加强了饮用水水源地和湖泊的生态环境保护,使大江大河干流的水质得到改善,地表水国控断面中劣V类[②]的比例降低了6.8个百分点。在改善城市居民居住条件方面,中国政府成立了由20个职能部门参加的保障性安居工程协调小组,有序解决群众住房困难。为支持保障性住房建设及各类棚户区改造,2008年—2014年,中央财政累计安排各类资金超过9000亿元。

营造有利于可持续城市创新发展的政策环境。近年来,中国政府积极制定有利于可持续城市创新发展的政策体系,选择条件成熟的地区进行试点探索,积累了众多可资借鉴的经验,也激发了地方政府层面建设可持续城市的热情,低碳城市、海绵城市、气候适应型城市、健康城市、智慧城市等已成为新时期中国可持续城市的重要建设模式。

在低碳城市建设方面,国家发改委于2010年印发了《关于开展低碳省区和低碳城市试点工作的通知》,要求试点地区测算并确定本地

---

① 潘家华、单菁菁(2016):《中国城市发展报告NO.9》,北京:社会科学文献出版社。
② 地表水国控断面即为列入国家地表水环境质量监测网的监测断面。根据中国环境保护部2011年印发的《地表水环境质量评价办法》(环办〔2011〕22号),河流断面水质共分为5个等级:(1)Ⅰ-Ⅱ类水质,水质状况为好,表征颜色为蓝色,水质功能类别为饮用水源地一级保护区、珍稀水生生物栖息地、鱼虾类产卵场、仔稚幼鱼的索饵场等;(2)Ⅲ类水质:水质状况为良好,表征颜色为绿色,水质功能类别为饮用水源地二级保护区、鱼虾类越冬场、洄游通道、水产养殖区、游泳区;(3)Ⅳ类水质,水质状况为轻度污染,表征颜色为黄色,水质功能类别为一般工业用水和人体非直接接触的娱乐用水;(4)V类水质:水质状况为中度污染,表征颜色为橙色,水质功能类别为农业用水及一般景观用水;(5)劣V类水质,水质状况为重度污染,表征颜色为红色,水质功能类别为除调节局部气候外,使用功能较差。

区温室气体排放总量控制目标，研究制定温室气体排放指标分配方案，建立本地区碳排放权交易监管体系和登记注册系统，培育和建设交易平台，做好碳排放权交易试点支撑体系建设等。在海绵城市建设方面，2014年住建部发布了《海绵城市建设技术指南——低影响开发雨水系统构建（试用）》，2015年国务院办公厅印发了《国务院办公厅关于推进海绵城市建设的指导意见》，进一步提出了要全面推广海绵城市，文件从目标、指标、规划、建设、投融资等方面对海绵城市的建设做出了具体的要求。2016年，国家发改委气候司联合住建部共同发布了《关于开展气候适应型城市建设试点工作的通知》，拟在2020年前建设30个气候适应型试点城市，目前地方省市正在积极提交试点申请。这两项试点工作将有助于中国城市决策者关注灾害风险、提升应对气候灾害的能力。在提升居民福祉方面，中国全面普及了九年义务制教育，建成了世界上最大规模的教育体系、最庞大的社会保障体系，提前实现了联合国的千年发展目标。

加强城市可持续发展的基础设施建设。 基础设施是城市正常运行和健康发展的物质基础。为加强和改进城市基础，国务院印发了《关于加强城市基础设施建设的意见》、《关于加强城市地下管线建设管理的指导意见》、《关于推进城市地下综合管廊建设的指导意见》、《关于推进海绵城市建设的指导意见》、《关于加强城市停车设施建设的指导意见》等，推动上海、浙江、广西、吉林、河北、河南、山东、安徽等8个省（区、直辖市）城市地下空间规划、建设和管理研究与试点工作，开展了地下综合管廊和海绵城市试点。创新性地通过建设专项基础设施基金、鼓励社会资本投资、PPP合作[1]等模式，有效缓解城市

---

[1] PPP模式（Public-Private-Partnership），是指政府与私人组织之间，为了提供某种公共物品和服务，以特许权协议为基础，彼此之间形成一种伙伴式的合作关系，并通过签署合同来明确双方的权利和义务，以确保合作的顺利完成，最终使合作各方达到比预期单独运行更为有利的结果。

基础设施建设资金压力和运营管理难度。加强城市防灾减灾能力建设，制定实施《关于加快发展现代保险服务业的若干意见》、《特别重大自然灾害损失统计制度》，推进救灾物资储备体系和基层救灾装备建设，积极创建全国综合减灾示范区和地震安全示范社区。

重视国际间的可持续城市合作。随着中国经济全面、深刻地融入世界经济中，中国的可持续城市建设与国际的交流、合作也不断加深，从国家战略层面提出了多个中外城镇化领域加深合作的框架性文件，与其他国家的政府、城市、企业、机构等，在具体领域开展了多种形式的合作。

2012年《中欧城镇化伙伴关系共同宣言》从城市群、城市基础设施、城市公共服务和城市管理等14个方面推动中欧城市、企业在城镇化领域的务实合作，在中欧城镇化伙伴关系框架下，中国与欧盟能源总司共同选取了12对中欧城镇化伙伴关系结对子城市和2个示范区，以具体项目为载体，有效推动了中欧城市间在城镇化领域的务实合作。

中欧城镇化伙伴关系已结对子城市和项目表

序号	中方	欧方	项目载体
1	天津	欧盟创新与技术委员会减缓气候变化—知识与创新组织	天津市解放南路新梅江改造
2	深圳	阿姆斯特丹（荷兰）	深圳国际低碳城建设
3	沈阳	勒阿弗尔市（法国）	中欧投资贸易合作
4	西安	夏特市（法国）	西安曲江—夏特尔文化旅游综合开发
5	广州	布里斯托市（英国）	广州国际创新城
6	成都	波恩市（德国）	成都—波恩低碳可持续发展
7	常州	北威州埃森市（德国）	中德创新园区建设项目
8	威海	根特市（比利时）	威海市东部滨海新城中欧产业合作
9	潍坊	巴伐利亚州弗莱辛区（德国）	潍坊与弗莱辛产业合作
10	洛阳	都灵市（意大利）	意大利都灵理工大学洛阳中意研究院
11	长沙	驻华大使（瑞典）	长沙瑞典生态城市规划建设
12	海盐	松德堡市（丹麦）	北欧（丹麦）绿色低碳工业园

2014年，中国与英国签署《关于加强绿色、低碳城镇化合作的谅解备忘录》，支持中英两国在绿色、低碳城镇化方面开展联合研究、企业投资、经验借鉴和产业园区等形式的合作；与德国签署《中德合作行动纲要：共塑创新》，深化中德工业、城镇化及农业等领域的创新合作；2015年在第一届中美气候智慧型／低碳城市峰会上（简称"中美气候领导峰会"），中美双方联合发表了《中美气候领导宣言》，积极开展在低碳城市规划、低碳交通、低碳建筑和适应气候变化等方面的合作。在智慧城市领域，目前中韩智慧城市产业园项目已在广东省东莞市东城街道落地，园区合作项目有26项；美方企业与中国地方城市的智慧城市领域政企合作项目有30余个；2015年，中欧之间首个智慧城市领域的联合实验室"中国——欧盟智慧城市实验室"正式签约。在低碳城市方面，中国与欧盟联合开展了"中欧低碳生态城市合作项目"、与芬兰合作开展了中芬合作共青数字生态城、中芬（丹阳）数字生态园区、中芬生态谷和中芬北京移动硅谷生态创新园等生态合作试点项目；在城市基础设施建设方面，2014年第三次中印战略经济对话，

▎2015年第一届中美气候领导峰会

确定未来 5 年中国将争取向印度工业和基础设施发展项目投资 200 亿美元；由中国主导成立的亚洲基础设施投资银行也是基础设施领域国际合作的一个亮点；在地方层面，中国城市积极参与 C40 城市气候市长峰会[①]。2016 年举行的第六届 C40 城市峰会上，武汉市公共自行车项目入围交通类提名，并与新能源大楼、海绵城市、古田新城项目入选 2016 全球 100 个应对气候变化案例。

---

① C40 是全球大型城市为采取行动减少温室气体排放而成立的组织，由全球 83 个城市成员组成，目前中国的北京、上海、香港、深圳和武汉 5 个城市是 C40 成员城市。

第五章

从不平衡发展到区域协调发展

——中国区域发展战略的嬗变

60年前,金连财和同事们西出阳关来到克拉玛依(位于中国西部地区的一座资源型城市),在戈壁荒漠上打下了第一口井。如今已经98岁的金连财仍然生活在克拉玛依,傍晚时分,他总爱和儿女们来到波光粼粼的克拉玛依河边散步。金连财回想起刚到克拉玛依时,到处都是光秃秃的戈壁滩,风刮石头满地跑。面对如今克拉玛依现代化的城市建设,以及越来越多的树林和公园,金连财总是激动不已。克拉玛依是一座典型的资源型城市,石油石化工业是支柱产业。但是,单一的产业结构,制约着克拉玛依经济的可持续发展。

| 中国新疆维吾尔自治区克拉玛依市哈巴河

近年来,随着中国政府对西部地区建设扶持力度的不断加大,以及克拉玛依着力推进产业转型升级,积极发展生态旅游,淘汰落后产

能，克拉玛依的产业多元化发展与生态环境改善取得了显著成效，成为著名的"生态油城"。2013年，联合国环境规划署召开了"南南合作"国际博览会，克拉玛依作为全国生态文明建设成效突出的三个典型城区之一，被中国环保部推荐，向世界展示建设成果。2016年，克拉玛依市人均生产总值（GDP）达到折合3.10万美元，成为中国大陆人均生产总值最高的地级市。

实际上，"生态油城"克拉玛依仅是中国西部地区城市实现转型绿色发展的一个缩影。自中国在20世纪90年代推动区域协调发展、实施西部大开发战略以来，中国西部地区的众多城市纷纷走出了资源依赖、产出低效、环境恶化的局面，在产业转型、生态建设、民生改善和文化提升等方面取得了显著成就。

一、中国区域协调发展的困境与路径

中国幅员辽阔、人口众多,地貌类型多样、多民族集聚,各地区自然、经济、社会发展条件差异显著,这些自然和历史原因均使得中国的区域协调发展存在某种程度的不平衡。1935年,中国人口地理学创始人胡焕庸先生就提出了从黑龙江瑷珲(今黑河市)至云南腾冲的人口密度分界线,这一分界线将中国人口区划为东南半壁和西北半壁两部分,东南半壁以36%的国土面积占据96%的人口,而西北半壁以64%的国土面积仅占据4%的人口。[①]之后该线被命名为"胡焕庸线",一直被国内外承认并沿用至今。这条线直观形象地展示了当年中国东南地狭人稠、西北地广人稀的状况,至今已经80年,这一现象仍然客观存在。中国西北山地多、降水少而人口稀疏,东南则平原多、降水多而人口密集,"胡焕庸线"本质上反映了中国人口与自然地理的高度空间耦合。

毋庸置疑,自然环境决定了中国在未来很长时间内"胡焕庸线"两侧人口份额的基本特征保持稳定,人口密集区、稀疏区的分布亦保持稳定。这种资源禀赋的空间差异也给中国的区域均衡发展带来了不小的挑战和困境,中国东部和西部之间、城乡之间的发展差距长期存在,资源与生态环境约束日益加大,空间无序开发现象突出,促进区域协调发展任重道远。

总体来看,中国在长期的历史发展过程中逐步形成了东部地区、

---

① 关兴良等(2016):《中国城镇化进程中的空间集聚、机理及其科学问题》,《地理研究》第2期,第227—241页。

西部地区、中部地区和东北地区四大区域经济合作发展的格局。① 改革开放后，受国家对外开放政策和市场需求的影响，人口和产业快速向中国东部地区集聚，东部地区的经济取得了空前的繁荣发展，以至于很长一段时期内中国地区经济都呈现出不平衡的增长格局，即东部地区快，而东北和中西部地区较慢。1980 年—1990 年，东部地区 GDP 年均增长 10.2%，分别比东北、中部和西部高出 2.1%、1.4% 和 1.4%；1991 年—1998 年，东部地区 GDP 年均增长 14.7%，明显高于东北、中部和西部地区的 9.5%、12% 和 10.4%，② 西部大开发战略的实施也未能明显改善这一不平衡增长格局（1999 年—2007 年之间）。2008 年之后，受全球金融危机影响，东部地区经济增速开始放缓，同时由于劳动力、土地等要素成本的不断攀升，产业活动开始由沿海向内陆地区加速转移，东北和中部、西部地区经济增速逐渐超过东部地区，区域经济增长呈现出相对均衡增长的格局。③ 同时，中国的对外开放空间逐步完善，通过推进"一带一路"、中国自由贸易试验区④建设，加快形成了东西双向开放格局，为中西部省份发展开放型经济创造了条件。

虽然受限于自然地貌、资源环境承载力等因素影响，中国区域发展不可能达到绝对的平衡和均衡，但改革开放以来，中国区域经济发展逐渐由不平衡增长向相对均衡增长转变，区域经济差距逐渐缩小，基本公共服务均等化程度逐步提高，城乡发展差距也进一步缩小，全民共建共享格局基本形成，走出了一条中国特色的区域协调发展道路。

---

① 四大区域板块的划分仅限于中国大陆地区，不包括港澳台地区。
② 魏后凯（2012）：《中国区域协调发展研究》，北京：中国社会科学出版社。
③ 魏后凯、高春亮（2012）：《中国区域协调发展态势与政策调整思路》，《河南社会科学》第 1 期，第 73—81 页。
④ 截至 2016 年，中国政府已审议通过上海、天津、广东、福建、辽宁、河南、陕西、四川、重庆、湖北和浙江等 11 个自由贸易试验区建设。

中国四大区域格局划分情况[①]

区域	覆盖范围	土地面积（占全国比重）	人口（占全国比重）	GDP（占全国比重）
东部地区	包括北京、天津、上海、河北、山东、江苏、浙江、福建、广东、海南等10个省和直辖市	91.6万平方公里（9.5%）	51819万人（38.2%）	322259亿元（51.2%）
西部地区	包括陕西、四川、云南、贵州、广西、甘肃、青海、宁夏、西藏、新疆、内蒙古、重庆等12个省、自治区和直辖市	686.7平方公里（71.5%）	36637万人（27.0%）	126003亿元（20.0%）
中部地区	包括河南、山西、湖北、安徽、湖南和江西等6个省份	102.8万平方公里（10.7%）	36085万人（26.6%）	127306亿元（20.2%）
东北地区	包括黑龙江、吉林和辽宁等3个省份	78.8万平方公里（8.2%）	10976万人（8.1%）	54442亿元（8.6%）

为了促进区域均衡、协调发展，中国于1999年提出了西部大开发战略、2003年提出了振兴东北地区等老工业基地战略、2005年提出了促进中部地区崛起战略，加上继续鼓励东部地区率先发展的政策，逐步形成了"四大板块"[②]的区域战略、政策和发展格局。近年来，中国又相继提出实施"一带一路"倡议、京津冀协同发展和长江经济带建设，创新区域经济新的增长极，进一步助推中国形成"东西双向、海陆联动"的开放格局。"一带一路"是新时期中国对外开放的新举措，其沿线地区大多是新兴经济体和发展中国家，这些国家普遍处于经济发展上升期，在共同构建贸易流、产业带、人文圈、互联互通网络等方面具有广阔的合作前景。长江经济带是从长江三角洲开始由东向西梯度开发，横跨东部、中部和西部3大区域板块，主要涵盖长江三角洲城市群、长江中游城市群和长江上游成渝城市群等城市群地区，这一地区是中国生态安全格局的重要组成部分，是全球人口、产业最密集的流域之一，也是继中国沿

[①] 数据来源：《中国区域经济统计年鉴2014》，括号中的数据为各项指标占全国比重。
[②] "四大板块"即东部板块、西部板块、中部板块和东北板块。

海经济带之后最有活力的经济带。①京津冀协同发展的核心以疏解北京非首都核心功能、辐射带动周边地区发展为基本出发点,将北京、天津、河北视为一个整体协同发展,构建交通一体化体系、推动公共服务共建共享、统一京津冀三地的生态环境规划、标准、检测、执法、评估和协调体系,并争取建立一体化的生态环境准入和退出机制,建立区域内环境污染联防联控制度,打造国家区域治理现代化首善之区。

改革开放以来,中国实施了鼓励沿海地区率先发展战略,即在沿海地区设立一系列享受优惠政策的特殊区域,鼓励这些特殊区域进行体制创新。例如,1980年和1988年分别设立了深圳、珠海、汕头、厦门经济特区和海南经济特区,1985年确定珠江三角洲、长江三角洲和闽南三角洲为经济开放区,同年开放14个沿海城市,1992年设立浦东新区。同时,国家默许这些特殊区域突破中央的有关政策限制,鼓励对外开放,包括减免企业所得税、下放投资立项权、开放金融服务、提高当地外汇留成比例、培育和发展资本市场(在深圳和上海建立证券交易所)。上述区域政策的设立不仅是壮大国家整体经济的需要,也是适应经济发展全球化、推进改革开放的需要。改革开放初期的基本国情决定了在推进经济发展和对外开放方面的先行先试,只能选择条件成熟的区域,即在缺乏经验的条件下摸着石头过河,在取得经验后再向其他区域复制推广。沿海地区的经济基础和资源禀赋条件相对较好,与海外市场联系相对便捷,再辅之以国家政策的倾斜和物质投入,比较容易快见成效。②时至今日,东部沿海地区仍是中国经济发展最具活力和最具创新力的区域,也是中国对外开放程度最高、参与全球市场程度最高的区域。

---

① 祝惠春(2015):《区域新棋局:"四大板块"+"三个支撑带"》,《经济日报》,2015年4月12日。
② 张军扩(2008):《中国的区域政策和区域发展:回顾与展望》,《理论前沿》第14期,第10—13页。

中国上海浦东新区

随着鼓励沿海地区率先发展战略的实施，东部地区凭借优越的区位和政策优势，吸引了大量的外国资金和技术，经济取得了快速发展，同时，东部地区的居民收入水平、公共服务水平、就业发展机会也随之提升，继而吸引了大量内陆地区的劳动力向东部地区转移，这种集聚趋势是符合市场经济发展规律且有一定的历史必然性。

为了有效应对大量农业转移人口向东部沿海等地区的高度集聚，东部沿海城市也纷纷制定了使外来人口融入城市生活的各项优惠政策。作为东南沿海经济最发达的城市之一，随着工业化、城市化的推进，杭州市经济社会快速发展，从全国各地尤其是中国中西部地区到杭州工作、居住的农民工每年以15%—18%的速度递增。根据第六次人口普查数据，2010年杭州共有外来农民工235万人，占常住人口的27.06%，而到2015年底，杭州外来农民工已占到常住人口的约1/3。为了让他们能够在杭州安居乐业，尽快融入当地社会，杭州市政府以"共建共享"为目标，成立了由市政府牵头、24个市级部门参加的农民工工作联席会议制度，针对当时在杭农民工工作生活中面临的突出问题、难点问题，在推进基本公共服务均等化方面进行了一系列的理念创新、组织设置和制度安排，逐渐走出了一条以人为本、共建共享、和谐发展的具有杭州特色的科学发展之路。例如，积极做好外来务工人员就业服务，破解农民工"就业难"问题；建立外来务工人员住房保障体系，破解农民工"住房难"问题；探索适合外来务工人员特点的保险政策，破解农民工"保障难"问题；建立外来务工人员维权救助机制，破解农民工"维权难"问题；最大限度扩大教育招生规模，破解农民工子女"上学难"问题；扩大完善基本医疗服务体系，破解农民工"看病难"问题；丰富外来务工人员精神文化生活，破解农民工"娱乐难"问题。

通过实施西部大开发、振兴东北、中部崛起以及扶贫开发等战略，中国的区域发展差距逐渐缩小。近年来，中西部地区的GDP年均增速均超过了东部地区，居民收入相对差距也呈不断缩小的趋势。以2015年为例，中国的31个省区中有20个省区的GDP增长速度均超过了8%，西部地区的省区就占据了一半，包括重庆、贵州、云南、甘肃、青海、宁夏、广西、陕西、西藏、新疆等省区。其中，西部地区的重庆、贵州和西藏的GDP增速更是超过了10%，是全国仅有的GDP超过10%的省区。同时，西部地区的居民生活水平显著提升，2015年人均GDP达到了5465美元，已经迈入中高收入社会的门槛，城镇居民人均可支配收入和农村居民人均纯收入也分别达到24391元和8295元，城镇登记失业率基本保持在3.5%的水平，就业状况比较稳定，民生建设取得较大进展。①

西部地区是中国重要的生态屏障和自然资源储备区，在全国的生态安全格局中具有举足轻重的地位，因此，在开发中实施保护的理念始终贯穿于西部大开发战略。西部大开发战略实施以来，先后在西部

---

① 潘家华、单菁菁（2016）：《中国城市发展报告NO.9》，北京：社会科学文献出版社。

地区实施了一批荒漠化治理、石漠化治理、自然保护区建设、水源补给区建设等重点生态保护与环境治理工程。2010年—2013年间，西部地区每年治理水土流失的面积超过11万公顷，有效灌溉面积达到155万公顷，水土流失和沙尘暴危害明显减轻，生态植被得到恢复，西部地区抵御和减缓自然灾害影响的能力明显提升，不仅为西部地区城市的可持续发展提供了安全保障，也为中部和东部地区的健康发展提供了生态安全屏障。[1]

2010—2013年中国西部地区水土流失治理和灌溉面积变化（千公顷）[2]

类别	2010	2011	2012	2013	2010—2013年年均增长率
治理水土流失面积	110.83	111.63	115.92	112.39	0.47%
除涝面积	4191.28	4329.72	4459.76	4632.24	3.39%
有效灌溉面积	1478.94	1513.00	1543.54	1550.97	1.60%

在加大政策扶持力度、提升西部地区经济社会发展水平的同时，中国政府还利用西部地区的资源优势，选择有条件的地区打造绿色能源基地。依托疆电外送通道，新疆哈密地区凭借着得天独厚的地理条件，大力发展培育绿色能源产业，将之作为转型升级的重要举措，通过引进大企业大集团开发新能源，千万千瓦级风电基地和百万千瓦级光电基地在哈密正逐步建成，助力打造中国西部大型绿色能源基地。哈密风电基地二期项目，是中国首个利用特高压输电通道促进风电建设和消纳的示范项目，2015年开工建设风电规模超过了500万千瓦，带动投资超过了260亿元。

中国政府在推进区域协调发展中尤其重视一体化治理机制的建设。京津冀地区在中国的政治、经济、文化中具有重要的地位，见证了中

---

[1] 单菁菁、武占云（2017）：《西部地区健康城市发展评估与分析》，《开发研究》第1期，第94—100页。

[2] 资料来源：根据中国国家统计局国家数据库相关数据整理。

国的经济、政治和思想近代化历程。但由于历史、自然因素等原因,京津冀地区的产业发展、社会民生等方面存在较大的发展差距,相对于长三角、珠三角一体化进程还较为滞后。为此,

中国哈密风电基地二期项目

2013年,国家主席习近平提出北京、天津应谱写"双城记",提出推动京津冀协同发展。2014年,习总主席进一步提出北京、天津、河北三地要打破"一亩三分地"①的思维定式,京津冀协同发展随之上升为国家战略,京津冀一体化由此进入快车道。京津冀三地非常重视环境保护一体化的建设,从2008年北京奥运会时期的区域联动治污、2013年《京津冀及周边地区落实大气污染防治行动计划实施细则》,到2014年《京津冀及周边地区大气污染联防联控2014年重点工作》发布,京津冀环境保护一体化思路逐渐清晰。2015年发布的《京津冀协同规划纲要》重点提出要在交通、环保产业升级突破。在生态环境保护方面,打破行政区域限制,谋划建设一批环首都国家公园和森林公园,应对气候变化。在这一战略指导下,北京市大刀阔斧的开展了绿化建设工程,重点对贯穿全境并通向津冀的30余条交通干线和四条重要水系(包括永定河、北运河、潮白河、拒马河)进行绿化建设,不仅在交通干线两侧建设永久绿化带,而且构建了1000—2000米宽的绿化控制范围,全面提升绿色廊道生态防护林质量和景观效果,构建平原生态廊道骨架,推进京津冀绿色廊道的互联互通。

---

① "一亩三分地"形容所属地盘、势力范围,引申为"自己的小地盘",含有"自私"、"狭隘"之意。

中国北京永定河河道公园

2016年中国人均GDP超过7800美元,城镇化率达到57.35%,已经进入中高收入国家行列,正在向以提升城镇化质量为目标的人本型城镇化和全面建成小康社会加速迈进。中国城镇化质量的提升也得益于城乡一体化以及城乡基本公共服务均等化的加快推进。

自2009年以来,中国城乡收入差距开始出现稳定下降趋势,城乡居民收入比由2009年的3.33下降至2014年的2.92。2010年—2014年,中国农村居民纯收入年均增长10.3%,比城镇居民增速高2.4个百分点。从实践来看,中国城市公共资源和公共服务不断向农村地区延伸,基本公共服务的城乡均等化取得较大进展,城乡一体化发展进程不断加快。例如,中国广东省惠州市积极探索推进教育、医疗等方面的优质资源共享机制,以缩小城乡和区域差距。在公共教育方面,开展"城乡教育联动发展计划"和"县管校用"的巡教制度。巡教制度通过城乡学校结对帮扶的形式,实现了155所农村学校的全覆盖帮扶,该计划规定音乐、体育、美术教师等,由县级教育部门或镇中心小学统一调配和安排课程。在公共医疗卫生方面,建立医护人员跨区域定期交流制度,如"名医"定时定点"巡诊",医用设备共置共享机制,实现了病历"一本通"、儿童预防接种"一卡通"和120急救服务全覆盖。中国这种城乡差距的缩小现象将是一种长期的稳定趋势,这种转变是与中国经济的发展阶段特征紧密联系在一起的。①

四川省位于中国大陆西南腹地,地貌复杂,以山地为主要特色,省内的高原藏区、大小凉山彝区、秦巴山区、乌蒙山区等集中连片特困地区的脱贫攻坚任重道远。近年来,四川省积极实施城乡统筹战略,逐步放开大中小城市和小城镇落户条件。同时,围绕户籍制度和农村产权制度改革,消除就业、社保、教育等方面的差异。以成都市郫都区为例,不仅尝试了集体经营性建设用地入市和农民住房财产权抵押贷款,还将农民工全部纳入基本公共服务保障范围,简化农民工随迁子女义务教育入学条件,统一农民工与城镇职工失业保险参保缴费和待遇享受办法,农村人也可享受城里人的待遇。

攀枝花——四川省的一座资源型城市,是中国四大铁矿之一,历史上长期以钢铁、钒钛、能源、化工等重工业为支柱产业,近年来在城乡统筹发展、资源型产业转型发展方面取得了积极进展。2015年11月的一天,家在成都的汪启明夫妇驱车奔赴攀枝花,随后的几天里在银江镇阿署达村悠闲沐浴着阳光,在天寿湖边拍照留念,他们准备在攀枝花度过漫漫冬日。最近几年,每年冬季到攀枝花过冬的"候鸟"老人都超过了3万人次,康养旅游产业正在这个年日照时数超过2700个小时的"阳光之城"飞速发展。近两年攀枝花市康养领域的年均投资增速达到27.4%。与此同时,康养产业也带动了农业、交通、医疗、旅游等产业的发展。攀枝花正以康养产业撬动县域经济发展,夯实底部基础。

---

① 魏后凯(2016):《新常态下中国城乡一体化格局及推进战略》,《中国经济时报》,2016年6月17日,第010版。

二、从不平衡到协调发展、共治共享的理念演变

区域协调发展是不同区域基于资源禀赋差异,选择最优要素组合下的建设模式,根据长期形成的比较优势形成合理的区域分工与协作,同时在政府的总体调控和政策支持下,保持区域之间的经济发展差距、人民生活条件差距在合理的可控范围之内,从而达到区域与区域之间、人与自然之间和谐的发展状态。① 从国内外的区域发展规律来看,所有事物之间只能达到相对的平衡,而不平衡则是绝对的。因此,由于资源禀赋、历史条件、民俗文化等差异的绝对性存在,区域之间存在一定的发展差距则是难以避免的。中国倡导的区域协调发展理念使中国的地区发展差距、城乡发展差距日趋缩小,全民共建共享的目标逐渐达成,为世界其他国家提供了可资借鉴的经验。

改革开放以来,中国区域经济的发展经历了不平衡发展到协调发展的战略转变。随着经济战略和体制的转轨,国家促进区域协调发展的战略大致经历了以下 4 个阶段。

中国区域发展战略演进阶段

时间阶段	区域战略重点
1949—1978 年	扶持内陆地区均衡发展阶段
1979—1990 年	支持沿海地区的非均衡发展阶段
1991—1999 年	开始关注中西部的区域协调发展战略启动阶段
1999 年以后	区域协调发展战略全面实施阶段

进入 21 世纪,中国政府提出了以科学发展观为指导,促进区域协调发展的新阶段。党的十八届五中全会提出,牢固树立和贯彻落实"创新、协调、绿色、开放、共享"的发展理念,是关系中国发展全局

---

① 仲伟周、益炜(2016):《区域协调发展:历史演进、机制设计与对策建议》,《东岳论丛》第 9 期,第 172—177 页。

的一场深刻变革。

中国在促进区域协调发展的过程中,也特别关注城镇层级体系的构建,力图通过大中小城市和小城镇协调发展的途径来促进区域协调发展,同时应对大城市、特大城市规模急剧膨胀带来的城市病问题。大城市或特大城市由于具有明显的集聚优势和政策优势,投资效率和资源利用效率较高,经济增长和规模扩张往往大于规模较小城市,因此在中国历史上有一段时期,出现了大城市急剧扩张,而中小城市相对萎缩的现象,由此产生了不同规模等级城市发展差距随之扩大、区域不协调发展的问题。随后,中国政府愈发认识到,任何城市无论规模大小和地区所在,都应拥有平等的发展权,城际公平、机会均等是区域协调发展追求的目标之一。因此,中国政府于2000年提出了"大中小城市和小城镇协调发展"的理念,近年来又出台了《特大县城镇区划及扩权改革试点方案》,培育新兴中小城市和特色小镇。2014年,《国家新型城镇化规划》提出,把加快发展中小城市作为优化城镇规模结构的主攻方向,将有条件的县城和重点镇发展成为中小城市。至此,中国"大中小城市和小城镇协调发展"的理念逐渐成熟完善,在推进区域协调发展中,尤其注重提升中小城市和重点镇的基础设施水平,增强产业发展和要素集聚的承载力,推动城市发展和产业就业支撑相协调。

2016年10月,中国住房与城乡建设部公布了第一批中国特色小镇名单,涉及32省份共127个特色小镇。这些文化小镇、旅游小镇、生态小镇、互联网小镇等特色小镇为中国新型城镇化的创新发展带来了活力。"云栖小镇"是国家第一批特色小镇,位于中国杭州市西湖区之江新城的中部,发展定位于中国首个富有科技人文特色的云计算产业生态小镇,其具体建设策略主要体现在以下几个方面。一是产业兴(云数为核、多元协同)。云栖依托目前云产业初步集聚的基础,积极打造完整的以云计算及大数据产业为核心的完整生态产业链,同时配套包括金融、会展、评估、咨询、教育等服务业进行协同发展。产业以云基础设施、云集成与服务、云平台与软件为三大核心,以衍生支撑以及科研研发作为辅助产业。二是功能融(产镇融合、生态循环)。实现由田园到镇的转变,配套多元融合的功能,通过优化用地功能布局,达到产镇融合,使得云栖小镇成为宜居宜业宜游的多元生态小镇。三是空间联(细胞分裂、组团生长)。结合山体水系,充分结合云产业业态,秉承"生态释放"和"有机聚合"的理念,构建网络化有机渗透的整体格局。四是交通畅(公共多元、立体发展)。强化内部道路与外部路网框架的衔接,优化小镇内部道路网体系,同时结合轨道交通、常规公交系统、慢性系统、水上交通等多元出行方式,构建区块多元出行交通体系。五是生态绿(水系绿肺、双网交织)。充分利用现状优越的山体水系资源,形成山环水绕的交融格局,汇合成网,创造优良的人行活动和步行场所,打造生态绿色小镇。六是配套全(服务完备、高效支撑)。完善云计算及大数据产业相关配套服务,高效支撑产业发展,同时合理落实各种保障性服务设施,以提升生活环境为重点,创

中国浙江云栖特色小镇

建幸福住区。七是人文蕴（多元文化、汇聚融合）。通过方案的功能整合重组，多元表现手段，使创新文化、创业文化、人文文化等元素达到和谐共生，持续发展。

"主体功能区规划"是中国区域协调发展的重大创新，2000年国家发改委在规划体制改革的意见中提出，空间协调与平衡的理念，到2003年主体功能思路形成，2007年主体功能区规划初稿完成，再到2011年6月规划正式发布，《全国主体功能区规划》的最终形成历时11年。《全国主体功能区规划》作为中国第一个国土空间开发规划，以构建高效、协调、可持续的国土空间开发格局为主线，提出了构建城市化地区[①]、农产品主产区[②]和重点生态功能区[③]和优化开发、重点开发、限制开发和禁止开发四类开发模式。主体功能区的概念始终贯穿在国土空间开发规划之中，经过10多年主体功能区的推行实践，中国明确了国土空间开发方向，初步形成了人口、经济、资源环境相协调的空间开发格局。

2014年，国家发展改革委员会、环境保护部联合下发了《关于做好国家主体功能区建设试点示范工作的通知》，陕西省安康市作为试点城市，在推进国家主体功能区建设方面成效显著。安康市是国家"两屏三带"[④]生态安全战略格局的重要组成部分，是南水北调中线工程[⑤]的核心水源区，境内汉江年均流量250多亿立方米，占丹江口水库入

---

① 城市化地区是以提供工业品和服务产品为主体功能的区域，也提供农产品和生态产品。
② 农产品主产区是以提供农产品为主体功能的地区，也提供生态产品、服务产品和部分工业品。
③ 重点生态功能区是以提供生态产品为主体功能的地区，也提供一定的农产品、服务产品和工业品。
④ "两屏三带"是中国构筑的生态安全战略格局，指"青藏高原生态屏障"、"黄土高原—川滇生态屏障"和"东北森林带"、"北方防沙带"、"南方丘陵山地带"，从而形成一个整体绿色发展生态轮廓。
⑤ "南水北调"工程是指把中国长江流域水资源自其上游、中游、下游，结合中国疆土地域特点，分东、中、西三线抽调部分送至华北与淮海平原和西北地区水资源短缺地区。其中，"南水北调中线"工程起点位于汉江中上游的丹江口水库，经长江流域与淮河流域的分水岭，沿华北平原中西部边缘开挖渠道，通过隧道穿过黄河，京广铁路北上，自流到北京的输水工程。

库水量的66%，是华北地区、京津冀城市群应对水危机、实现可持续发展的水资源战略支撑地。近年来，安康市严格按照国家主体功能区定位推动发展，划定生产、生活、生态空间开发管制界限，最大限度增强生态产品生产能力，限制大规模高强度工业化城镇化开发，因地制宜发展不影响主体功能定位的适宜产业。通过生态安全、循环产业、新型城镇化、生态环境监管四大体系建设，实现人与自然的和谐发展。目前，安康市已建成21个污水垃圾项目，启动了17个镇级污水垃圾项目，积极推进42条小流域、426平方公里的水土流失治理任务。初步构筑了循环发展体系，大力发展以特色经济林、林下种养殖、苗木花卉为主的山林经济，促进生态林业向产业林业转型、山林经济由种养型向市场加工型转变。发展以饮品制造、生态养殖为主的涉水产业，建设汉江生态渔业养殖基地、富硒矿泉水和天然饮用水生产基地。开发生态文化资源，加强对历史文化街区、水乡古镇、古村落、古建筑等文化遗存的保护，挖掘整合汉水文化、秦巴文化、宗教文化等地域文化元素，实现了"生产、生活、生态"空间协调发展。

通过上述区域协调发展战略的历史演变，可以看出中国区域政策理念也发生了转变。一是从追求各地经济总量的平衡，转向追求人们收入和生活水平的平衡。二是从注重依靠各自发展实现平衡转向，同时依靠发展与扶持实现平衡。三是从注重经济发展指标转向注重经济、社会与自然的协调可持续发展转变。在这一过程中，中国政府逐渐明确区域协调发展不仅仅是经济领域的协调，缩小经济发展差距并非区域协调的唯一目标，新时期的区域协调发展应更加强调公共资源提供、公共服务水平和生活质量差距的缩小，更加强调提高人自身发展的可行能力，这将涉及经济、社会、生态、文化和人的全面发展等各个领域。上述政策和理念的变化也带来了中国区域发展新趋势。

目前，中国区域协调发展的理念日臻完善和成熟，至今为止，无论是国家层面出台的区域政策，还是地方层面的推进实施，乃至企业、居民、非政府组织（Non-Governmental Organizations）等微观主体的参与，区域协调发展理念均体现了以下几层含义。一是全面的协调发展，即区域协调不仅包括地区间经济发展差距的缩小，还包括城乡协调发展、经济与生态的协调发展、人与自然的和谐发展等内容。二是可持续的协调发展，即各区域纷纷主张采用资源节约和环境友好技术，通过制定科学的技术规范、严格的规章制度和明确的奖惩措施，最大限度降低资源消耗和环境破坏，促进资源高效集约利用。三是新型的协调机制，即政府、企业、居民等多个利益相关主体共同参与、商讨区域间基础设施共建共享、生态补偿机制构建、重大项目实施、重要规则制定等跨地区问题的制度安排，实现经济和社会发展成果的全民共享[1]。

例如，在基础设施建设方面，中国各地区越来越倾向于采用多元主体参与、共建共享的模式，即政府通过特许经营、购买服务、股权合作等方式，与社会资本建立利益共享、风险分担及长期合作关系。根据中国财政部PPP中心[2]数据，截至2017年2月，财政部PPP综合信息平台入库项目11784个，拟投资额近14万亿元。2017年5月，中国首个环境质量监测PPP（Public-Private Partnership）模式示范项目在广西壮族自治区正式落地，即采用政府和社会资本合作模式，引入专业化社会资本投资建设、运营管理自治区境内的75个县级环境空气质量监测设施。在具体运作方式上，该项目采用了BOT（建设—运营—移交，Build-Operate-Transfer）+ O&M（委托运营，Operations & Maintenance）的方式，纳入PPP模式实施的建设内容为23个存量县级

---

[1] 魏后凯、高春亮（2011）：《新时期区域协调发展的内涵和机制》，《福建论坛（人文社会科学版）》第10期，147—152页。

[2] 该中心是中国政府为了鼓励公共服务领域推广政府和社会资本合作模式而开发建设的政府和社会资本合作（Public-Private Partnership, PPP）综合信息平台，该平台负责全国PPP项目信息的审查、管理和发布。

环境空气质量监测站、52个新建环境空气质量监测站，以及结合环保物联网技术的信息化软件平台。

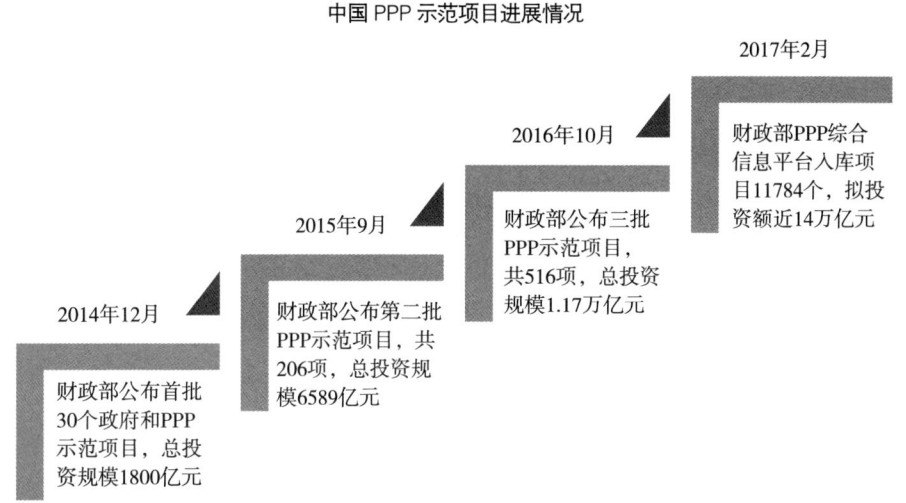

中国PPP示范项目进展情况

三、中国推进区域协调发展的举措与成效

中国改革开放后在区域协调发展方面取得的成就，首先得益于中国政府通过恰当的干预政策、完善法律法规等措施来推进跨区域的合作、治理。这些措施的实施有效避免了各地区为了争夺有利资源、发展本地经济而进行的恶性、无序竞争，从而提升了区域发展的协调性，保障了各类地区的平稳健康发展。

中国改革开放以来的区域政策大致涵盖以下几类：一是国家总体发展战略层面的宏观区域政策，例如鼓励东部地区率先发展、西部大开发战略、东北振兴及中部崛起战略等均属于宏观层面的区域政策；二是承担改革开放先行先试的特殊区域政策，包括经济特区、沿海开放城市、经济技术开发区、高新技术开发区、自由贸易试验区等各类特殊经济功能区政策；三是针对特殊区域的分类指导政策。分类指导政策的核心是空间政策直指特殊（或问题）区域，例如，自然保护区、生态涵养区、资源枯竭型地区、贫困区域等，这些要么是重要的生态保护涵养区，不适合大规模开发而导致的长期贫困，或者由于历史遗留、资源枯竭等问题导致经济发展动力不足、社会保障水平较低。因此，中央政府根据各类区域亟待解决的实际问题，制定相对独立的区域扶持政策和区域发展规划，用以帮助这些区域走出发展困境，从而缩小与其他区域之间的发展差距。但这种分类指导政策仍是在国家总体发展战略的框架体系内，分类指导的区域政策与宏观政策相互衔接、互为补充，而非彼此孤立、相互隔绝。

再次，得益于充分发挥市场机制的调节作用。除了政府的政策干预，中国区域协调发展的顺利推进还得益于产业的跨区域合作、要素的跨区域流动、基础设施的跨区域共享、环境问题的跨区域共治。在这一过程中，中国各区域之间更加注重政府、企业、NGO等多元主体的相互协作，在政府放松管制的条件下，各区域逐渐淡化行政辖区的概念，打破地区壁垒，努力构建统一开放、竞争有序的市场环境，让市场在资源配置中发挥

中国贵阳市美丽乡村风景

基础性作用，从而激发了区域合作潜能、创新发展活力，有效提高了区域经济发展的协调性。例如，位于中国西部地区的贵阳市，积极与国际气候组织合作开展"千村计划"，建设公共绿色照明体系，逐步探索建立和推进农村清洁能源的开发、利用，改善生态环境，减缓气候变化对中国西部农村地区的影响，贵阳市的"千村计划"也成功入选了"公私合作伙伴关系十大全球典范案例"之一。

此外，中国政府针对重点领域制定专门的扶持政策，多途径多维度缩小区域发展差距，其中，扶贫开发就是中国政府针对欠发达地区，尤其是贫困地区而采取的一类特殊扶持政策，目的是不断缩小贫困地区与其他区域的发展差距，从而加快实现全面建成小康社会的目标。

扶贫的重点区域主要包括革命老区、民族地区、边疆地区等。这类扶贫开发政策也不是孤立的，而是将扶贫项目安排与民生改善有机结合起来，尤其是致力于推动集中连片贫困地区加快脱贫。

目前，中国政府已通过教育扶贫、技术培训扶贫、村企合作扶贫、人才扶贫等多元化手段，不断提高贫困地区的自我发展能力和自我脱贫能力。陇南市是甘肃省乃至中国最为贫困的地区之一，拥有丰富的特色优质农产品，但因交通不便、信息闭塞，难以转化为群众收入。2015年初，陇南市经批准成为全国电商扶贫首个试点市，该市通过网店带动、电商产业带动、电商创业带动、电商就业带动和电商入股带动，促进电商和精准扶贫深度融合。2016年底，全市共发展网店超万家，两年网络销售农产品64亿元，718万人实现就业。其中，750个电商扶贫试点贫困村开办网店980家，带动15万贫困人口增收。农民人均可支配收入由2015年的4345元增长到2016年的6108元，全市贫困人口由2014年的64.4万人下降为2016年的36.9万人，减少42.7%。

对口支援是另一项具有鲜明中国特色的资源横向转移与跨界合作治理机制。这类政策的特点在于经济发达或实力较强的省市对经济欠发达省区实施对口援助,包括人才援助、资金援助和技术援助等,援助领域涉及产业发展、医疗卫生、文化教育等方方面面。例如,2011年—2015年间,辽宁省对口支援西藏自治区实施农牧民安居工程7188户、游牧民温暖工程2810户,此外还包括教育设备、那曲藏医院、敬老院、精神文明活动中心等民生工程。2015年西藏地区行政村通电率达到了100%。这类政策在推动区域协调发展、民族团结和边疆稳定等方面发挥着极其重要的作用。对口支援政策于20世纪70年代末开始制定、实施并不断完善。1979年,中国政府首次正式提出"要组织内地省、市,实行对口支援边境地区和少数民族地区",1996年国务院印发《关于组织经济较发达地区与经济欠发达地区开展扶贫协作的报告》,明确了东部9个省、市和西部10个省、区之间的对口帮扶关系。随后,又出现了省域内部对口支援、单位之间对口支援、部门内部对口支援等形式。

目前,中国的对口支援已发展成为三类典型模式。一是对边疆地区与民族地区的对口支援。以对口支援西藏自治区为例,至2015年,中央政府和其他省市累计实施援藏项目8310个、落实援藏资金296亿元,有力促进了西藏及各地市的经济发展,显著改善了农牧区和农牧民的生活条件,有效提高了西藏教育和医疗卫生服务水平。

二是对重大工程的对口支援,三峡工程[①]的对口支援就是一典型代表,三峡工程的支援政策涉及日常的经济社会发展以及大规模的移民迁建等重大项目。三是对灾害损失严重地区的对口支援。例如,以汶川特大地震[②]为

[①] 三峡工程即中国长江三峡水利枢纽工程,由中国湖北省宜昌市境内的长江西陵峡段与下游的葛洲坝水电站构成梯级电站,主要具有防洪、发电和航运等功能。

[②] 汶川地震发生于2008年5月12日中国四川省汶川县,里氏震级达到8.0级,震中烈度达到11度,遇难人数达到69227人,受灾人数达到4624万人,造成的直接经济损失达到8451亿元,是中国自1949年新中国成立以来影响最大的一次地震。

代表的对灾害损失严重地区的对口支援,将对口支援的政策使用范围从常态领域扩大到了非常态领域,即将资金、技术、人才等常态支援事项扩展至灾后临时安置、恢复、重建等非常态事项,属于特殊情况下的特别措施。

目前,中国已经形成了多领域、多层次、多形式、多内容的网状支援格局,在一定程度上弥补了横向财政失衡,控制和缩小了东中

▎中国西藏自治区学生活动照

▎中国三峡库区移民新村(湖北省巴东县)

西部地区的发展差距。

中国历来高度重视区域协调发展问题,基于国情区情,中央审时度势出台了一系列重大区域发展战略,中国区域发展逐渐由不平衡增长向相对均衡增长、协调发展转变,区域经济差距由扩大趋向缩小,基本公共服务均等化程度逐步提高,城乡发展差距也进一步缩小,全民共建共享格局基本形成,走出了一条中国特色的区域协调发展道路。

第六章

绿色消费

——推动生活方式和消费模式绿色化

二十世纪七八十年代,手表、自行车、缝纫机曾被称为中国家庭的"三大件"。自行车在当时几乎是中国家庭的必备,是中国人最常用的交通工具。如果说美国是"四个车轮上的国家",那么当时的中国就是"两个车轮上的国家",中国也一度被称为"自行车王国"。1989年2月25日,时任国务院总理李鹏在北京钓鱼台国宾馆会见访华的美国总统布什先生及夫人时,向其赠送了中国生产的飞鸽牌自行车作为礼物。

曾经的"自行车王国"

随着中国经济的发展,拥有汽车的家庭越来越多。数据显示,截至2016年底,中国机动车保有量达2.9亿辆,其中汽车1.94亿辆,机动车驾驶量3.6亿人,而汽车驾驶量超过3.1亿人。私家车总量达1.46亿辆,平均每百户家庭拥有36辆。"四个轮子"逐渐替代"两个轮子"。经济和城市的发展令机动车的增长速度越来越快,车辆剧增不仅导致交通拥堵,更带来了空气污染、噪声污染、燃油消耗过多等问题。

近年来,以绿色、环保、健康为新标签的自行车,重新获得中国人的青睐,绿色消费在中国日益盛行。从科学角度讲,自行车是能源转化效率非常高的一种交通工具。骑车者80%的能量能转化到自行车的运动过程中，骑自行车出行100公里，可以节油约9升，相应减排二氧化碳20.7千克。同时自行车是较好的公交换乘工具。

在中国，共享单车的出现给中国各个城市的市民带来了更便捷、智能、环保的共享出行工具。在北京、上海等城市，随时随处都能见到共享单车——摩拜的身影，它们既不固定在车桩，也不需

| 蓬勃发展的共享单车

要定点借还。那么，摩拜单车在哪里呢？只要打开手机APP，就能看到周围摩拜单车的分布，每辆摩拜自行车内置了GPS芯片，这种芯片显示单车的分布，通过手机软件能很快捷地找到离你最近的一辆自行车，拿出手机扫一扫车身上的二维码，自动开锁。骑行完成后，手动关锁，自动结账。摩拜单车的使用费用很低，半小时的费用仅仅一元人民币。

一、中国绿色消费的现状

在国际上,绿色是生命、环保、低碳、节约的象征。什么是绿色消费?早在1963年,国际消费者联盟组织(International Organization of Consumers Unions,即IOCU)就提出了"绿色消费"的理念,指出消费者应承担环境保护的义务。进入20世纪80年代后半期,英国掀起了绿色消费者运动,号召消费者选购有益于环境的产品,从而促使生产者转向生产有益于环境的产品。20世纪90年代以来,绿色消费主义在欧美国家迅速兴起并引领世界消费的潮流,人们的绿色消费意识也不断深入。

相对于西方国家,绿色消费在中国起步较晚,但发展十分迅速。中国消费者协会认为绿色消费具有三层含义:首先,在消费内容上,倡导消费者在消费时选择未被污染或有助于公众健康的绿色产品;其次,在消费过程中,注重对废弃物的收集与处置,尽量减少对环境的污染;最后,在消费观念上,引导人们在追求生活方便、舒适的同时,注重环保,节约资源和能源,实现可持续消费,不仅要满足当代人的需要,还要满足子孙后代的消费需要。

中国要实现绿色发展,绿色消费是必然选择。从消费规模来看,中国现有13亿人口,预计将在2030年达到人口峰值,总人口数将达到14.5亿[1]。即使中国未来的GDP增速放缓,消费市场仍将拥有巨大的增长空间。据麦肯锡全球研究院最近发布的针对中国消费发展未来的研究预测,中国消费水平在2025年将提高到大约占GDP的50%,中

---

[1] 中华人民共和国国务院《国家人口发展规划(2016—2030年)》,2016年12月30日。

国消费总量占全球消费份额可能会增加到11%—13%。未来中国有可能成为世界最大的消费市场之一，从投资生产大国转型为消费大国；从消费结构来看，中国社会已经实现了从温饱到小康的不断跨越，从基本消除贫困，到解决温饱，再到全面实现小康，中国城乡居民的消费水平显著提高。从消费模式来看，开始由"追求生存消费为主"向"追求发展和享受消费为主"转变，教育、娱乐和医疗等发展型和享受型消费的支出大幅度增加，表现为恩格尔系数[①]持续下降，随着汽车进入家庭，电脑和手机等电子产品的普及，交通和通信也成为消费的新亮点；从消费在经济发展中的地位来看，改革开放以来，中国经济一直保持着高速增长，消费拉动经济发展的作用明显，被誉为拉动中国经济高速发展的"三驾马车"[②]之一。特别是近几年来，随着进出口和投资对中国经济增长拉动作用的降低，消费拉动经济的作用更为显著。未来中国将进入消费需求持续增长的重要阶段。

据统计，2005年—2010间中国私人消费对GDP增长贡献率为32%，而2010年—2015年间已经到达41%。[③]但是，在消费需求不断得到满足和提升的同时，浪费型消费、污染型消费和过度型消费等问题也日益凸显，对中国的生态环境造成了严重的破坏。可见，中国要实现绿色发展，消费已成为和生产同样重要的领域。如果中国在消费领域不加快向节约、低碳和健康的方式转变，将给中国乃至世界的资源、环境和生态造成巨大的压力和挑战。

自古以来，勤俭节约就是中华民族所推崇、践行的伦理美德。"谁知盘中餐，粒粒皆辛苦"是中国妇孺皆知的古诗词。"一粥一饭，当思来之不易；半丝半缕，恒念物力维艰"是流传至今的治家格言。这些

[①] 恩格尔系数是指食品支出总额占个人消费支出总额的比重。家庭收入越少，用来购买食物的支出所占的比例就越大，随着家庭收入的增加，家庭收入所用来购买食物的支出比例会下降。
[②] 经济学上常把投资、消费、出口比喻为拉动GDP增长的"三驾马车"。
[③] 数据来源：世界货币基金组织《世界经济展望》数据库

质朴的古训，至今仍给人以深刻警示和启迪。近年来，在衣食住行领域，中国已涌现出许多绿色消费的新潮流和新风尚。

在"住"的方面，随着中国城镇化的快速发展，居住的绿色化越来越受到重视。中国政府最新颁布的《新型城镇化规划》中明确提出城市发展的三个目标为绿色、智慧和人文，强调城市发展要以人为本，在节能、健康和环保的前提下，寻求人、城市和自然三者之间的和谐统一。《新型城镇化规划》中还进一步提出了中国绿色建筑发展的中期目标。"十二五"期间应完成新建绿色建筑10亿平方米，到2015年和2020年，绿色建筑占城镇新建建筑的比例将分别达到20%和50%。2014年，美国全国广播公司（NBC）盘点了全球十大可持续建筑物，中国有四座建筑榜上有名，分别为上海的上海中心大厦、广州的珠江城大厦、山东德州的微排大厦和深圳的万科中心。其中，位于山东德州市的日月坛微排大厦，总建筑面积达7.5万平方米，不仅是全球最大的太阳能办公大楼，也是目前世界上最大的集太阳能光热、光伏和建筑节能于一体的高层公共建筑，它综合应用了多项太阳能新技术，如吊顶辐射采暖制冷、光伏发电、光电遮阳、游泳池节水和雨水收集等技术，节能效率高达88%，被誉为全球最具代表性的低碳中心之一。

| 山东德州市日月坛微排大厦

在"行"的方面，近年来，中国大力倡导集约高效、环保健康的绿色出行方式，尤其是以智能手机、智能汽车和智能家电为核心的智慧交通体系发展迅速。借助于云计算、大数据和移动互联网等新一代信息技术，北京、上海、广州等东部沿海和经济发达城市的智能交通建设已经初具规模。"互联网+便捷出行"融合了移动互联网和传统的出行方式，带来了更为便捷、低碳的绿色出行方式。面对中国城市交通拥堵和运力不足的难题，"滴滴"、"易到"和"优步"等出行尝试，运用科技和创新的力量，通过智能手机APP，进行网络预约出租车。从2012年成立至今，"滴滴"在中国400余座城市就为近3亿用户提供出租车召车、专车、快车、顺风车、代驾、试驾等满足不同层次需求的服务产品，为城市交通提供整体解决方案和全面出行服务。

据统计，2015年，滴滴平台共完成14.3亿个订单，在方便人们出行的同时，减少了路面行驶的车辆，让城市空气更清新。通过测算，滴滴出行的平台由于大数据技术的有效运用，每年可以减少碳排放729万吨，这相当于中国3个中等城市一年的碳排放总量，相当于再造了100个北京奥林匹克森林公园的生态补偿量。

在"食"的方面，中国人千百年来一直遵奉"民以食为天"的信念。电视纪录片《舌尖上的中国》因诠释中国的饮食文化而风靡中外，但中国人饮食文化中的浪费现象也让人触目惊心。2013年"光盘行动"在中国得到了从政府到民众的支持，其宗旨是餐厅不多点、食堂不多打、厨房不多做。反对铺张浪费，倡导珍惜粮食、吃光盘子中的食物。

近年来，在中国摒弃陋习，绿色饮食的风气日益盛行，如拒食野生动物、拒绝使用一次性筷子、一次性发泡塑料餐具；提倡少吃肉、多吃五谷杂粮、蔬菜、豆类的健康饮食结构。

二、通过绿色消费推动绿色发展转型

消费是人类生存和发展的基本行为，但是不合理的消费模式却给地球上的自然资源和生态环境造成了沉重的压力。中国人口基数大、消费水平提速快，消费给中国的资源和环境带来的压力尤为突出。根据世界自然基金会发布的《中国生态足迹①报告2012》，2008年，中国人均生态足迹为2.1全球公顷，只有全球平均水平的80%左右，但是，生态足迹的总量已经是中国生物承载力的两倍多。尽管人均远低于全球平均水平，但由于人口数量大，中国的生态足迹总量是全球各国中最大的。中国庞大的人口规模和巨大的消费能力，使得中国比世界上其他国家更迫切地需要通过绿色消费来实现可持续发展。在绿色消费上中国推崇以下理念：

绿色消费能有效促进绿色生产。 每扔掉一个苹果就等于消耗了能冲7次厕所的水，每扔掉一个汉堡就等于消耗了16个浴缸的水，每扔掉一块牛排就等于浪费了一片可以种植27公斤土豆的耕地，这是英国《每日电讯报》引用的一份研究报告所披露的数字。消费处于人类物质代谢过程的最下游，下游增加一个单位的产品消耗，会导致上游增加数十倍甚至数百倍、数千倍的资源投入。减少一个单位产品的消耗，则可以减少上游大量资源投入和污染物的排放。因此，消费者减少浪费，将极大地节约资源。同时，消费者可以通过"绿色选择"，倒逼企业在生产产品的原材料获取，产品生产方式和过程以及产品消费后的处置方法等方面更加绿色、低碳和环保。不仅如此，绿色消费还能开拓更丰富、更广阔的消费空间，创造更高层次和更多样化的消费需求，并促进企业积极开发低污染、低消耗的绿色产品和绿色技术，拓展绿

---

① 生态足迹通过农田、木材、水、煤炭以及垃圾处理用地等一系列自然资源的使用量，来衡量人类对大自然的需求状况。

色市场，从而更有效地实现生产方式的绿色化。

绿色消费能促进社会的公平与和谐。《世界人权宣言》中明确宣布：人人都有权利过上能够足以保证其本人和其家庭健康和安宁的生活，包括食物、服装、住房、医疗服务和必要的社会服务，人人都有受教育的权利。可见，人类的基本、适度消费应该得到保障。在面临自然约束和环境约束的情况下，绿色消费强调把有限的资源优先用于保障每个人的基本需要，不鼓励攀比和奢侈型消费，因为奢侈型消费，在许多情况下对社会的整体进步和福利水平的整体提升并没有积极意义，需要加以遏制，尤其是当它与环境资源产生冲突时，更需要采取措施，压制过度的物欲消费。

绿色消费体现了一种公平的消费观，要求在消费过程中自觉做到节约资源和保护环境，给他人和子孙后代一个好的生存和发展环境，让资源得以永续利用，它是从人类的整体利益出发，是为了人类更好地生存和社会可持续发展。正如一位美国朋友说起的"一个地球已经不可能再负担富人"。有限的地球，绝对不可能承担我们被消费主义调动起来的无限欲望。所以，在美国发起的志愿简单生活运动有一句著名的口号"简单生活，让其他人能够生活"。中国近年来也流行一句话，"简单即富足"。

绿色消费更能促进人的全面发展。工业革命以来，生产力迅速提升，生产规模不断扩大，极大地丰富了人类的物质生活，也衍生出了消费越多的物质财富就越幸福的消费价值观，这种价值观势必造成整个社会崇尚高消费、过度消费、奢侈消费。其实，人类在满足基本的生活需求之后，幸福感并不必然随着消费的增加而增加，反而一旦沉迷于对奢侈、挥霍型消费方式的向往和追求，只注重追求眼前的物质享受，将导致人类失去了应有的理想信念。绿色消费更注重人类的精神生活，认为人类的生活方式应该由物质主导型向精神主导型过渡，崇尚物质上的简单、低碳、环保和精神上的富足。

三、中国为推进绿色消费所作出的积极努力

在促进绿色消费中，政府的积极引导和有效管理十分重要。政府在促进绿色消费中扮演着双重角色，既是绿色消费的倡导者、推动者和监督者，也是绿色消费的实践者。中国政府近年来加快推动绿色消费的发展。

国家从顶层设计推动绿色消费。中国政府历来重视从政策层面推动绿色消费。本世纪初，中国政府就开始通过加强规划引导，完善扶持政策，将绿色消费的理念和相关发展目标纳入各种政策文件和规划当中。早在1994年中国政府发布的《中国21世纪议程》中就明确提出中国要"建立可持续消费模式"。2005年，国务院发表《贯彻落实科学发展观和加强环境保护的决议》，指出在消费方面，政府应当大力倡导环保消费模式，并实施环境标志，环境认证和政府绿色采购制度。中国"十一五"规划中指出，政府应当提升节约意识，鼓励生产和使用节能高效汽车和各样节能、节水产品，开发节约能源和省地型建筑物，并建立节约型的消费模式。中国"十二五"规划纲要则进一步提出要倡导文明、节约、绿色、低碳消费理念，推动形成与中国国情相适应的绿色生活方式和消费模式。2016年，中国政府发布《关于加快推动生态文明建设的意见》指出，必须加快推动生活方式绿色化，实现生活方式和消费模式向勤俭节约、绿色低碳、文明健康的方向转变，力戒奢侈浪费和不合理消费。中国共产党的十九大报告中再次强调"倡导简约适度、绿色低碳的生活方式，反对奢侈浪费和不合理消费，开展创建节约型机关、绿色家庭、绿色学校、绿色社区和绿色出

行等行动。"因此，推动生活方式和消费模式绿色转型是中国生态文明建设的重要任务，也是中国经济社会绿色转型的重要内容。

建立引导绿色消费的法规和制度。中国政府为促进绿色消费，以命令、指示、规定和制度等形式限制或禁止污染产品的使用，鼓励消费环境友好型的商品。1999年，中国商务部等13部门就联合实施了以"提倡绿色消费、培育绿色市场、开辟绿色通道"为主要内容的"三绿工程"。经过十余年发展，"三绿工程"建设取得了显著成效。家电以旧换新、节能示范工程等标志性活动，使绿色消费观念深入人心、绿色市场发展迅速。

中国政府不断通过制度规范，加大政府绿色采购的力度。2014年，商务部、环境保护部、工信部联合发布《企业绿色采购指南（试行）》，指导企业实施绿色采购，构建企业间绿色供应链，推进资源节约型、环境友好型社会建设，促进绿色流通和可持续发展。从开始探索建立政府绿色采购制度至今，已发布了12期的"环境标志产品政府采购清单"。这份清单主要由电脑、传真机、打印机等节能环保办公用品，及涂料、型材等环保建筑装修材料组成。通过政府庞大的采购力量，优先购买对环境友好的环境标志产品，鼓励企业生产可回收、低污染、省资源的产品，推动企业技术进步，促进资源循环利用，减少污染，保护环境。同时，引导消费者去选择绿色产品，通过政府的率先垂范，更好地引导绿色消费意愿。

环境标识也是中国政府引领绿色消费的重要工具。中国环境标志认证从无到有，从小到大，从弱到强，已形成了完整的认证体系、严格的标准要求、完善的认证流程。截至目前，中国环境标志已经发展到71大类，涉及汽车、建材、纺织品、电子产品、日化产品、家具、包装制品等行业，已有1600多家企业生产的3万多规格型号产品获得中国环境标志认证,形成了1000多亿元年产值的环境标志产品群体,成为中国社会选择绿色产品的重要依据。中国环境标志产品已经成为广大企业和消费者优先采购的产品,成为引领中国绿色产品消费的风向标。

鼓励消费者实施绿色消费。2009年,中国财政部、国家发改委联合组织实施"节能产品惠民工程"。通过财政补贴推动节能产品的使用。仅仅一年的时间,为实施"节能产品惠民工程",中央财政共投入了160多亿元,推广高效节能空调3400多万台、节能汽车100多万辆、节能灯3.6亿多只。据测算,"节能惠民工程"实施的一年来,直接拉动消费需求1200多亿元,实现年节电195亿千瓦时,年节油30万吨,减排二氧化碳超过1400多万吨。

除了节能,中国政府也十分重视鼓励居民节约水资源的使用,鼓励选购节水龙头、节水马桶、节水洗衣机等节水产品。在中国,和百姓生活密切相关的水电气等资源性产品,已经全面迎来"阶梯时代"。"阶梯水价"是对使用自来水实行分类计量收费和超定额累进加价制的简称。"阶梯水价"充分发挥市场、价格因素在水资源配置、水需求调节等方面的作用,拓展了水价上调的空间,增强了企业和居民的节水意识,避免了水资源的浪费。

汽车也是消费迅速增长的领域之一,为减少汽车对空气的污染,中国政府已从2009年开始鼓励新能源汽车的使用。和世界上其他国家采用的方法类似,中国政府投入巨额资金,大幅度增加购车补贴,以缩小其与传统汽车之间的差价。同时,通过出台各种政策鼓励新能源汽车产业的发展。2014年7月,中国政府发布《关于加快新能源汽车推广应用的指导意见》,明确了以纯电驱动为新能源汽车发展的主要战略取向,重点发展纯电动汽车、插电式含增程式混合动力汽车和燃料电池汽车。2015年，又出台相关政策进一步完善新能源汽车扶持政策，支持动力电池、燃料电池汽车等研发，同时要求政府部门落实车辆更新新能源汽车占比要求等。受到政策的鼓励，新能源汽车的生产和销售呈现"井喷式"增长态势。根据《中国制造2025》计划，到2020年，中国自主新能源汽车年销量突破100万辆，市场份额达到70%以上。

第七章

应对气候变化

——中国的低碳转型之路

2015年12月7日,正在举办COP21①的法国巴黎举世瞩目,一位来自中国的朱晓明女士格外繁忙。她是中国长江三角洲南岸边的一座著名的城市——江苏省镇江市的市长,而镇江现在已经是应对气候变化的全球先锋城市。这一天,她刚刚出席巴黎市政厅举行的"地方领导气候峰会"分享低碳经验,然后又赶到巴黎气候变化大会中国角举行了"专场"边会,代表镇江市向世界展示中国地方城市应对气候变化的实践。

气候变化是人为燃烧化石能源导致的温室气体排放到大气中,造成的温室效应所导致的全球问题。据联合国政府间气候变化专门委员会(IPCC)评估结论,如果没有采取任何缓解措施,到本世纪末,全球变暖的幅度可能将超过4摄氏度。这种气候变化将超出人类经验所能认知的境界,其后果将是难以预想的灾难。缓解气候变化危机的唯一途径是加快经济社会的低碳转型,减少温室气体排放。

在2015年巴黎气候大会之前,中国政府承诺在2030年左右达到碳排放的峰值②并争取提前达峰,这个承诺引起了全球的广泛关注。镇江市政府则承诺,到2020年达到碳峰值,比全国平均水平提前10年。镇江的这一雄心源于其过去多年的低碳转型实践。数据显示,2011年至2014年,镇江市的单位GDP二氧化碳排放累计下降19.08%。

---

① 英文全称是Conference of Parties,即《联合国气候变化框架公约》的缔约方大会。
② 碳排放的峰值指二氧化碳总量随时间变化轨迹的顶点。

2014年,时任欧盟委员会气候行动委员康妮·赫泽高女士访问镇江市,参观了工厂、社区、交通、建筑之后,赫泽高女士说,她完全没有想到镇江这个城市的低碳实践做得这么好!"会把镇江的低碳发展探索和对镇江的良好印象带回欧洲,与大家分享",赫泽高女士也多次向许多欧盟的官员介绍了镇江经验,让世界了解中国的低碳转型。出席2015年巴黎气候大会边会的世界银行高级局长艾迪·瓦斯奎兹,也称赞镇江建设低碳城市的经验做法,表示世界银行将更加关注镇江,

2014年赫泽高女士访问镇江

在资金和技术上同镇江加强合作。在这次会上,镇江市政府与美国加利福尼亚州签署了合作协议,交流加强低碳发展的行动计划。联合国城市与气候变化特使布隆博格表示:"镇江的事实充分证明了这一点,如果其他城市都能像镇江一样作出努力,那么我们的未来将会完全不同。"

镇江低碳城市建设的经验在全球都很有借鉴意义。除了参加巴黎气候大会之外,2015年9月以来,朱晓明市长还代表镇江市分别参加了两届中美智慧型低碳城市峰会,以及世界第七届清洁能源部长级会议,并在会上向世界介绍镇江低碳发展的实践经验。朱市长表示,要努力将镇江建设成为引领国际低碳发展的潮流、彰显中国城市低碳发展担当的示范城市。

中国一直主张世界各国应遵循"共同但有区别责任和各自能力"

的原则积极应对气候变化。中国多年来已经在国内按照原则进行了实践，在东、中、西部地区分别设立了 42 个低碳试点省市。其中，镇江是目前低碳建设做得最好的试点城市之一。镇江这座城市的故事背后，体现的是中国近年来低碳转型不断取得成果的进程，它是中国低碳转型成果在国际社会的一张绿色城市名片。

一、中国通过低碳转型推动全球气候治理

气候变化是全球性的挑战,尽管造成气候变化的责任主要在发达工业化国家。根据联合国发表的人类发展报告,当前大气中的温室气体每 10 吨中有大约 7 吨是由发达国家在工业革命以来的历史过程中已累积排放的。当前美国人均排放每年超过 16 吨,而人类发展指数排名靠后的国家,人均排放每年不到 0.1 吨。[①] IPCC[②] 的报告警告,如果全球气温预期上升 2.5℃,全球经济总量可能将会缩减 2%,而发展中国家每年可能将因此损失 700—1000 亿美元。

作为最大的发展中国家和《联合国气候变化框架公约》的缔约方,中国一直以来是积极应对气候变化的坚定支持者和行动者。

中国是推动联合国主导的全球气候治理的重要支持者和贡献者。中国是《京都议定书》的成员方,是最早签署和批准该文件的国家之一。自从 2007 年巴厘岛会议[③]启动后京都(Post-Kyoto)谈判以来,中国一直支持各国积极谈判达成有约束力的法律文本,按照《联合国气候变化框架公约》的原则和精神继续引领全球低碳转型。中国被广泛认为是推动巴黎气候大会成功举办的一个关键因素。2014 年中国提交的国家自主贡献方案富有雄心,而且经过中国的全国人民代表大会[④]审议并且纳入五年规划,具有法律约束力。国家自主贡献方案是指:中

[①] 联合国发展署:《人类发展报告 2007—2008 年:应对气候变化,分化世界中的人类团结》,纽约:联合国发展署,2007 年,第 41 页。
[②] 全称是 Intergovernmental Panel on Climate Change,即政府间气候变化专门委员会。
[③] 2007 年 12 月在印度尼西亚巴厘岛召开了第 13 次《联合国气候变化框架公约》缔约方会议,此次会议达成"巴厘岛路线图",取得了具有重要历史意义的进展,也常简称为"巴厘岛会议"。
[④] 全国人民代表大会,简称"全国人大",是中国的最高国家权力机关,行使国家立法权。

国的二氧化碳排放总量将在2030年左右达到峰值并争取尽早实现；到2030年，中国的单位GDP（国内生产总值）二氧化碳排放将比2005年下降60%—65%，非化石能源占一次能源消费的比重达到20%左右，森林蓄积量比2005年增加45亿立方米左右。①

2015年11月，在一次记者会上回答"哪个国家应对气候变化的行动可称榜样？"的问题时，《联合国应对气候变化框架公约》秘书处执行秘书菲格雷斯指出，中国采取了"令人印象非常深刻的"应对气候变化行动，具有榜样意义。她说，中国在"国家自主贡献"文件中确定了一系列的目标……这些都表明，中国在对待气候变化问题上"非常非常认真"。法国总统环境问题特别顾问尼古拉·于洛在参加巴黎气候大会前，曾接受新华社记者采访时肯定了中国在应对气候变化领域"毋庸置疑的示范作用"，他说："中国有能力在提出目标后将其实现，甚至以更快速度实现目标。"

在巴黎气候大会召开之前，中国与美国的两份关于气候变化的联合声明，以及中法两国元首关于气候变化的联合声明等系列文件，为巴黎气候大会奠定了坚实的政治基础。因此，前任法国总统奥朗德表示，中国的支持是向着"巴黎会议将取得成功的可能性"迈出的"一大步"。2015年12月，在巴黎气候大会取得成功之后，联合国秘书长潘基文曾激动地表示，中国为《巴黎协定》的达成、巴黎气候大会的成功举办做出了"历史性的贡献、基础的贡献、重要的贡献、关键的贡献"。

中国还为《巴黎协定》的批准和生效进程作出了重要贡献。2016年9月3日下午，恰逢杭州G20峰会②正式召开之前，中美两国共同

---

① 习近平：《携手构建合作共赢、公平合理的气候变化治理机制——在气候变化巴黎大会开幕式上的讲话》，2015年11月30日。http://news.xinhuanet.com/world/2015-12/01/c_1117309642.htm。

② 指"二十国集团"（Group of 20）的最高领导人会议，自2009年以来每年轮流在成员国召开一次G20峰会。2016年召开的杭州G20峰会是在中国召开的第一次G20峰会。

举行仪式，中国国家主席习近平和时任美国总统奥巴马，先后向时任联合国秘书长潘基文交存《巴黎协定》批准文书。在此之前，中国作为主席国，已经在2016年4月成功倡议G20成员发表了历史上第一份关于气候变化问题的主席声明。其中推动各成员落实《巴黎协定》，尽快签署并根据各自国内程序加入协定，以推动《巴黎协定》尽快生效。中国的行动使得《巴黎协定》加快了批准生效进程，获得了全球的广泛赞誉。潘基文表示："中美两个大国的批准是气候变化领域的重要突破，中美率先批准《巴黎协定》，展现出了很强的领导力，将推动该协定于年内生效，为全球可持续发展提供新的稳定框架。联合国高度赞赏中美两国在应对气候变化挑战方面发挥的领导作用。"

作为世界第一大能源消费国和碳排放国，中国的低碳转型已经成为稳定全球气候不可或缺的力量。中国是一个有13亿人口的发展中大国，快速的城市化和工业化进程在驱动着能源消费量和碳排放量迅速增长。近年来中国经济对世界经济增长的贡献一直在30%左右，但是国际能源署（IEA）的数据显示，2014年中国因为化石能源燃烧导致的碳排放占到全球份额的27%。

自从2005年制定的第十一个五年规划以来，中国政府把碳排放强度作为约束性指标纳入国家经济社会发展规划中，着眼加快推动低碳经济的发展。在2006年—2010年的"十一五"规划期间，中国单位GDP能耗相比2005年下降了19.1%；在2011年—2015年的"十二五"期间相比2005年下降了18.2%。在目前的"十三五"规划中要求比2005年下降15%，预计到2030年，将比2005年下降60%以上。

从2005年到2015年，中国以年均5.1%的能源消费增速，支撑了国民经济年均9.5%的增长，累计节能15.7亿吨标煤，相当于减少二氧化碳排放36亿吨。世界银行的数据显示，从2000年到2014年，中国的人均GDP增长了两倍多，但是中国经济的碳强度却下降了近三分之一。

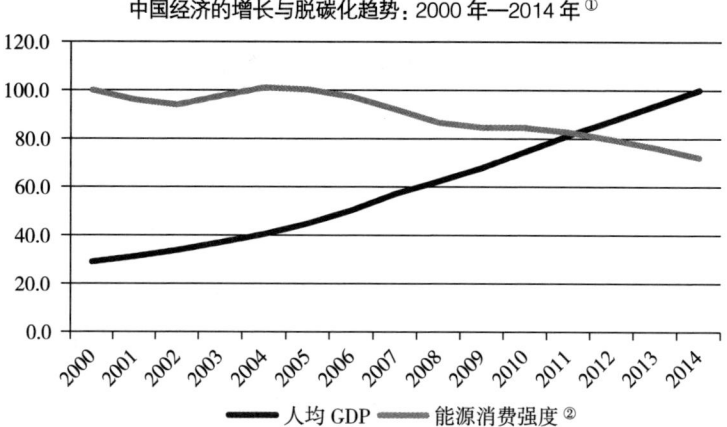

中国经济的增长与脱碳化趋势：2000年—2014年①

——人均GDP　——能源消费强度②

据2015年国际能源署（IEA）发布报告指出，2014年全球碳排放总量水平得以稳定，很大程度上是因为中国减少了能源消费。据《金融时报》报道，一个由多国科学家组成的小组所做的初步估算显示，2015年化石燃料燃烧所产生的碳排放量或许降低了0.6%。"相对于2000年以来记录的每年2%至3%的碳排放量增长，这种降低可谓是个重大的逆转；而且，它还发生在一个国际货币基金组织（IMF）预期全球经济将增长约3%的年份，实属罕见。"科学家们认为，全球碳排放量下降的主要原因是中国煤炭使用量增长放缓。

过去十年，中国的碳排放量年增速达6.7%，但在2014年这一增速下降至1.2%。《BP世界能源统计》③显示，当年中国煤炭消费量首次出现比上年下降0.7%，2015年这一指标比上年又下降了1.5%。与此同时，中国可再生能源发展迅速增长，十年里增长了数十倍。

---

① 数据来源：世界银行世界发展指数
② 人均GDP是按2010年美元不变价折算（GDP per capita, constant 2010 US$），并以2014年数值作为100进行指数化计算；能源消费强度是按每一千美元GDP消费的千克标油能源量［kg of oil equivalent per $1,000 GDP (constant 2011 PPP)］，并以2000年数值作为100进行指数化。
③ 英文全称是 Statistical Review of World Energy，是著名能源企业英国石油公司（BP）研究人员发布的关于世界能源生产和消费情况的年度报告。

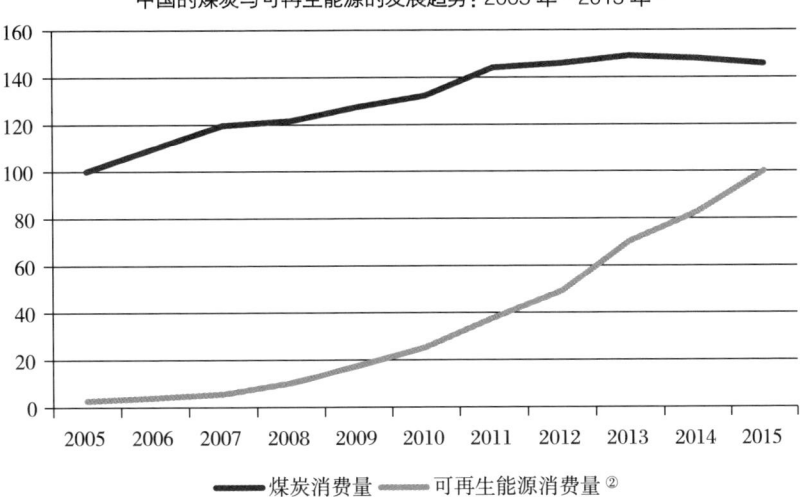

中国的煤炭与可再生能源的发展趋势：2005年—2015年①

中国已经成为全球可再生能源行业的"领头羊"。中国已经是世界节能和利用新能源、可再生能源第一大国。2015年，中国的可再生能源消费量占到全球份额的17.2%，可再生能源装机容量③占全球总量的24%，新增装机占全球增量的42%。对于中国在可再生能源上取得的成就，国际可再生能源署（IRENA）总干事阿丹·阿明（Adnan Z.Amin）对此赞不绝口："中国正引领全球。中国的风能和水电的新增装机容量已占到世界一半以上，太阳能新增装机占到世界的三分之一。与此同时，在全球可再生能源获得的高达3300亿美元的国际投资中，中国就占了三分之一"。

根据彭博新能源财经（Bloomberg New Energy Finance）④的数据，中国目前是全球可再生能源产业的最大投资国，2015年的投资额达到

---

① 数据来源：BP世界能源统计报告，2016年。
② 煤炭消费量以2005年数量为100指数化；可再生能源是以2015年数量为100进行指数化。
③ 为电力供应行业的术语，指该系统实际安装的发电机组额定有效功率的总和，一般以千瓦（KW）、兆瓦（MW）、吉瓦（GW）计。
④ 美国著名资讯机构彭博资讯公司于2004年成立，主要提供全球清洁能源和碳市场的资讯和研究服务。

1105亿美元,而同期美国境内的清洁能源投资总额为560亿美元,只有中国投资额的一半。2016年10月,国际能源署发布报告称,2015年可再生能源在全球新增装机能源中,首次超过煤炭,成为最大新增电能来源。报告认为,可再生能源之所以能迅速发展,主要得益于中国、美国、印度等国政策的强力支持,以及太阳能和陆上风力发电成本的大幅下降。为此,德国《法兰克福评论报》惊呼:10年前德国还是可再生能源的世界冠军,但是眼下中国已经成为全球可再生能源投资的领头羊。[①]

据国家能源局统计,在2005年—2015年期间,中国水电、风电、太阳能、生物质能及核能发电装机规模分别增长1.7倍、100.6倍、616.1倍、3.8倍和2.9倍(见下表)。按照"十三五"规划,到2020年,中国水电装机容量再增加3100万千瓦,风电装机增加7100万千瓦,太阳能增加约5000万千瓦,核能增加3160万千瓦。

中国清洁能源发电装机容量的变化:2005—2015(百万千瓦)[②]

	水电	风电	太阳能	生物质能	核能
2005年	117	1.27	0.07	2	6.85
2015年	319	129	43.2	9.5	26.43
变化率	172.6%	10057.5%	61614.3%	375.0%	285.8%

二、解决全球气候变化问题的中国方案

气候变化给人类社会带来的挑战日益紧迫,国际社会必须加快行动。气候变化是一个典型的全球性问题,需要全球视野和全球集体行动。尽管各国在产生气候变化问题上的历史责任差别很大,各个地区

---

① 《德媒评述:中国超越德国成"绿色电力"冠军》,《参考消息》2016年11月4日。
② 数据来源:国家统计局

受到的影响也有很大不同。如果各国还是从狭隘的视角认识气候变化问题，肯定无法超越"公地的悲剧"①。

中国从"人类命运共同体"的理念出发，从为子孙后代谋福利的道义出发，积极探索低碳转型发展路径，挖掘自身的体制优势和政治动力。作为一个负责任的发展中大国，中国在低碳转型和应对气候变化的问题上，体现出高度的政治意愿和决心。

中国提出的"人类命运共同体"理念，适用于解决气候变化这样的全球问题。它区别于西方的传统政治学，是一种全球主义的政治哲学。

传统的西方主流政治学是基于个人主义进行逻辑演绎。它认为不存在集体的利益，只有个人的利益是真实的。它相信存在一定的机制可以使个人基于自身利益的决策到达集体最优的结果。但是多年来的气候政治证明，发达国家的气候政策往往由利益集团博弈决定，导致不能做出有效决策。②美国政治学家罗伯特·基欧汉承认，他从《联邦党人文集》中找不到任何可以为应对气候变化提供思想的来源。英国著名政治学家安东尼·吉登斯认为，为了有效应对气候变化，不能再因循守旧，西方政治学必须彻底进行创新。

多年来，发达国家和发展中国家一直围绕减排责任分担的问题争论不休，各国根据各自的理由一直在减排责任问题上存在激烈的辩论。长期以来，发达国家在减排承诺方面止步不前，拒绝向发展中国家转移资金和技术帮助能力建设，而且以现实排放为由要求发展中国家承担更高减排义务。科学家们发现，尽管中国的现实碳排放量占比接近30%，但是当前全球气候变化的责任主要是发达国家的历史排放。

---

① 英文是"The Tragedy of the Commons"，源于1968年美国加勒特·哈丁教授（Garrett Hardin）在《科学》杂志上的一篇文章的题目，它的含义是指公共地上多个使用者从自利出发，过度消费公地资源，同时无法约束各自的行为，最终导致公共地被毁灭的结果。

② [英]戴维·赫尔德等主编：《气候变化的治理：科学、政治与伦理学》，剑桥：政体出版社，2011年。

2016年，北京大学研究人员首次全面评估了中国对全球气候变化的贡献程度。他们对目前已知的10种气候胁迫因子模拟分析结果（1750年—2010年）表明，中国排放对全球辐射强迫的相对贡献为10%±4%，远低于中国近年来人为活动排放的全球占比。[①]

但是，由于公平观念的差异和利益的纷争，全球气候治理进程一直无法取得积极进展。当前应对气候变化迫切需要克服狭隘的国家中心主义以及利益集团政治，把全球利益和环境及生态利益当作一个整体做出决策，进而找到全球、国家以及个人行为的最优选择。

2015年12月，中国国家主席习近平出席巴黎气候大会开幕式，并发表重要演讲，成为第一位参加气候会议的中国国家主席。在这次演讲中，习近平主席指出："对气候变化等全球性问题，如果抱着功利主义的思维，希望多占点便宜、少承担点责任，最终将是损人不利己。巴黎大会应该摒弃'零和博弈'狭隘思维，推动各国尤其是发达国家多一点共享、多一点担当，实现互惠共赢。"[②] 在巴黎气候大会以及多次在国际会议的演讲中，习近平主席反复从人类命运共同体的高度来理解气候变化问题。特别是在2015年9月联合国大会的演讲中，习主席强调中国是"世界和平的建设者"、"全球发展的贡献者"和"国际秩序的维护者"。[③] 正是因为如此，习主席说："建设生态文明关乎人类未来。国际社会应该携手同行，共谋全球生态文明建设之路，牢固树立尊重自然、顺应自然、保护自然的意识，坚持走绿色、低碳、循环、可持续发展之路。在这方面，中国责无旁贷，将继续作出

[①] 李本纲等：《中国对全球气候强迫的贡献》，载《自然》，第531卷，2016年3月，第357—361页。

[②] 习近平：《携手构建合作共赢、公平合理的气候变化治理机制——在气候变化巴黎大会开幕式上的讲话》，2015年11月30日。http://news.xinhuanet.com/world/2015-12/01/c_1117309642.htm.

[③] 习近平：《携手构建合作共赢新伙伴 同心打造人类命运共同体——在第七十届联合国大会一般性辩论时的讲话》，纽约：联合国总部，2015年9月28日。http://www.fmprc.gov.cn/web/ziliao_674904/zyjh_674906/t1301660.shtml.

自己的贡献。"①

2017年10月,中共十九大报告指出,气候变化等非传统安全威胁持续蔓延,是全人类面临的共同挑战,中国"要坚持环境友好,合作应对气候变化,保护好人类赖以生存的地球家园";"积极参与全球环境治理,落实减排承诺",中国要"引导应对气候变化国际合作,成为全球生态文明建设的重要参与者、贡献者、引领者。"十九大报告重申:"中国将继续发挥负责任大国作用,积极参与全球治理体系改革和建设,不断贡献中国智慧和力量。"报告同时还呼吁:"各国人民同心协力,构建人类命运共同体,建设持久和平、普遍安全、共同繁荣、开放包容、清洁美丽的世界。"

中国具有根据人类命运共同体理念制定政策与行动的制度优势。在西方民主政治体制下,由于"吉登斯悖论"②的存在,个体不会对气候变化做出反应。于是在发达国家往往只会出现以下情况:"有关态度调查发现,大多数公众认可全球变暖是一个严重的威胁,但是只有少数人愿意因此彻底地改变自己的生活。在精英当中,气候变化屈尊成了一种'姿态政治'——韬略听起来宏伟壮阔,但是内容空洞。"③长期以来,许多发达国家在气候政策方面进展缓慢,甚至出现倒退。

在西方学者看来,中国气候规制的模式是所谓的"环境威权主义"(Authoritarian Environmentalism)。它指的是一种"面临严重的环境挑战时公共政策制定及执行的一种非参与路径"。澳大利亚学者马克·比森

---

① 习近平:《携手构建合作共赢新伙伴 同心打造人类命运共同体——在第七十届联合国大会一般性辩论时的讲话》,纽约:联合国总部,2015年9月28日。http://www.fmprc.gov.cn/web/ziliao_674904/zyjh_674906/t1301660.shtml。

② 2009年英国著名社会学家、政治学家吉登斯在其《气候变化的政治》一书中提出的:全球变暖带来的危险,尽管看起来很可怕,但在日复一日的生活中它们不是有形的、可见的,因此,许多人会袖手旁观,不会对它们有任何实际的举动。

③ 安东尼·吉登斯:《气候变化的政治》,曹荣湘译,北京:社会科学文献出版社,2009年,第5页。

（Mark Beeson）最初提出这个新概念，认为它可以用来描述东亚一些国家制定和实施环境政策的新模式，其中因为更缺乏公众参与而有别于西方国家环境主义模式。① 美国学者布鲁斯·基利（Bruce Gilley）认为，这个概念非常适合总结中国气候政策制定的模式。他认为，从中国的情况来看，威权的环境主义要比其他模式能更加有效地产生政策效果。②

英国著名政治学家安东尼·吉登斯认为，真正的气候政治学要求首先要建立"保障型国家"（Ensuring State），它必须鼓励和支持各种各样的社会团体推动政策向前走，它也必须有能力产生出确切的结果，这一结果不仅使它自己的国民可以信赖，而且其他国家的领导人同样可以信赖。③

从现实的情况来看，中国因为社会组织发展较为落后，国家采取了更加积极的措施来应对气候变化。中国的各级政府可以根据中央的政策方针和科学建议，及时有效地制定规划，积极引领经济社会进行低碳转型。相比之下，西方不少发达国家因为利益集团影响政策决策进程，不能有效制定转型政策，导致了政治僵局，不能履行政府保障气候安全和遵从国际制度的责任。从这个意义上说，中国在低碳转型和应对气候变化方面具有一定的体制优势。

从利益动力来看，积极应对气候变化是中国自身发展的需要，主要出于自发动力，而不是迫于外部压力。

中国国家主席习近平指出，应对气候变化是中国可持续发展的内在要求，也是负责任大国应尽的国际义务，这不是别人要我们做，而

---

① ［澳］马克·比森：《环境威权主义的到来》，《环境政治学》，2010年第19卷第2期，第276—294页。
② ［美］布鲁斯·基利：《威权的环保主义与中国对气候变化的反应》，载《环境政治学》，2012年第21卷第2期。
③ ［英］安东尼·吉登斯：《气候变化的政治》，伦敦：政体出版社，2009年。

是我们自己要做。①

中国是拥有13多亿人口的发展中国家，是世界上遭受气候变化不利影响最为严重的国家之一。全球气候变化已对中国经济社会发展和人民生活产生重要影响。近百年来，中国年平均气温升高了0.5℃—0.8℃，略高于同期全球增温平均值，近50年变暖尤其明显。②其中，西藏地区在1960年至2012年间的年平均气温每10年升高0.3至0.4摄氏度，这一速度是全球平均水平的两倍。此外，中国沿海海平面从1980年到2012年间年均升高2.9毫米，高于全球平均水平。近一个世纪以来，中国区域降水波动性增大，西北地区降水有所增加，东北和华北地区降水减少，海岸侵蚀和咸潮入侵等海岸带灾害加重。自20世纪50年代以来，中国冰川面积缩小了10%以上，并自20世纪90年代开始加速退缩。极端天气气候事件发生频率增加，北方水资源短缺和南方季节性干旱加剧，洪涝等灾害频发，登陆台风强度和破坏度增强，农业生产灾害损失加大，重大工程建设和运营安全受到影响。③

2015年9月27日，习近平出席联合国气候变化问题领导人工作午餐会时曾指出，"中国一直本着负责任的态度积极应对气候变化，将应对气候变化作为实现发展方式转变的重大机遇，积极探索符合中国国情的低碳发展道路。中国政府已经将应对气候变化全面融入国家经济社会发展的总战略。"④积极转变经济发展方式，发展低碳经济应对气候变化，也是中国绿色发展转型的必然之路。

中国政府在应对气候变化问题上，变挑战为机遇，把负担转变为

---

① 张高丽：《凝聚共识落实行动，构建合作共赢的全球气候治理体系——在联合国气候峰会上的讲话》，2014年9月23日。
② 《国务院关于印发中国应对气候变化国家方案的通知》，《中华人民共和国国务院公报》，2007年7月20日。
③ 国家发改委：《国家应对气候变化规划（2014—2020年）》，2014年11月25日。
④ 《习近平阐述气候变化义利观：以"最大的决心"推动绿色发展》，人民网—中国共产党新闻网，2015年12月1日。http://cpc.people.com.cn/xuexi/n/2015/1201/c385475-27877051.html.

动力,通过市场的力量推动转型升级,提高经济增长的质量和效益。中国是全球最大的发展中国家,人均GDP仅相当于全球平均水平的70%,尚未完成工业化、城镇化进程,面临发展经济、改善民生、保护环境和应对气候变化的巨大压力,发展中不协调、不平衡、不可持续的问题仍然存在,改变传统的粗放型发展方式迫在眉睫。据中国学者测算,中国为实现国家自主贡献目标和任务,在2005年到2030年期间(按2010年价格计算)大约需要投资41万亿元人民币(相当于6.7万亿美元)。截至2015年已经投入10.4万亿元,未来15年还将投入约30万亿元。这不仅将极大拉动经济的增长,还将创造大量就业机会。据测算,完成上述目标将在2005年—2030年期间总共创造6900万个就业岗位,并且未来15年将为4500万人创造就业岗位。

在2015年6月向联合国提交的国家自主贡献方案中,中国政府明确表示:"积极应对气候变化,努力控制温室气体排放,提高适应气候变化的能力,不仅是中国保障经济安全、能源安全、生态安全、粮食安全以及人民生命财产安全,实现可持续发展的内在要求,也是深度参与全球治理、打造人类命运共同体、推动全人类共同发展的责任担当。"[1]

三、中国为应对气候变化采取的政策与行动

中国作为一个负责任的发展中国家,对气候变化问题给予了高度重视,较早成立了国家气候变化对策协调机构,并根据国家可持续发展战略的要求,采取了一系列与应对气候变化相关的政策和措施,为

---

[1] 国务院新闻办公室:《强化应对气候变化行动——中国国家自主贡献》,http://www.scio.gov.cn/xwfbh/xwbfbh/wqfbh/2015/20151119/xgbd33811/Document/1455864/1455864.htm.

减缓和适应气候变化做出了积极的贡献。①

首先,中国政府制定了国家层面应对气候变化的战略性规划,并将其纳入经济社会发展的规划之中。

2007年6月,国务院发布了《中国应对气候变化国家方案》。这是中国第一部应对气候变化的全面的政策性文件,也是发展中国家颁布的第一部应对气候变化的国家方案。2014年9月,国家发展改革委发布《国家应对气候变化规划(2014—2020年)》,提出了中国应对气候变化工作的指导思想、目标要求、政策导向、重点任务及保障措施。②此外,全国大多数省(自治区、直辖市)发布了省级应对气候变化专项规划,将应对气候变化工作纳入国民经济和社会发展规划。各主要部门也制定了各自领域应对气候变化规划或方案。在这些规划中,能源与气候变化的相关指标都是约束性的,而不是指导性的,对于各级政府和企业的行为有较强的约束力。中国从2006开始的"十一五"规划起,就设定了这种强制性的节能减排目标,这在发展中国家中是非常罕见的,因为发展中国家并不承担这样的法定国际义务。

其次,中国正在积极推动应对气候变化的相关立法。 2011年,成立由全国人大环境与资源保护委员会、全国人大法制工作委员会、国务院法制办公室③和17家部委组成的应对气候变化法律起草工作领导小组。国家发展改革委牵头开展立法研究、立法调研和法律草案起草工作,广泛征求各利益相关方的立法意见。全国人大和国务院有关机构目前正在加快推动《应对气候变化法》和《碳排放权交易管理条例》

---

① 国务院关于印发中国应对气候变化国家方案的通知,《中华人民共和国国务院公报》,2007年7月20日。

② 国家发展和改革委员会:《国家发展改革委关于印发国家应对气候变化规划(2014—2020年)的通知》,2014年9月19日。

③ 全国人大法制工作委员会和国务院法制办公室分别是全国人大以及国务院负责法律起草的专门机构,全国人大环境与资源保护委员会是全国人民代表大会下设的专门委员会,负责审议或提出与环境及资源保护议题相关的议案或提案。

的立法程序。

第三，中国政府高度重视适应气候变化。中国政府向来强调要坚持减缓与适应并重，增强适应气候变化能力。2013年11月，国家发展改革委联合多部门颁布《国家适应气候变化战略》，明确提出了中国适应气候变化的主要目标、重点任务、区域格局和保障措施，为统筹协调开展适应工作提供指导。①2011年3月发布的《"十二五"规划纲要》明确要求"在生产力布局、基础设施、重大项目规划设计和建设中，充分考虑气候变化因素。提高农业、林业、水资源等重点领域和沿海、生态脆弱地区适应气候变化水平。"②2016年发布的"十三五"规划中也强调要"主动适应气候变化"；"在城乡规划、基础设施建设、生产力布局等经济社会活动中充分考虑气候变化因素，适时制定和调整相关技术规范标准，实施适应气候变化行动计划。加强气候变化系统观测和科学研究，健全预测预警体系，提高应对极端天气和气候事件能力。"③

第四，大力节能减排，有效控制温室气体排放。

中国积极淘汰落后产能，减少排放。在"十一五"期间，中国仅在火力发电领域就淘汰落后产能7000多万千瓦，而这相当于英国全国的火力发电容量。在2011年—2015年"十二五"期间，淘汰落后火电机组约2800万千瓦，淘汰落后煤矿产能超过7000万吨。④

中国产业结构优化取得明显进展，2015年工业比重比2010年下降5.7个百分点，服务业比重提高6.1个百分点，产业结构调整对碳强度

---

① 国家发展改革委等：《国家适应气候变化战略》，2013年11月18日，http://www.gov.cn/zwgk/2013-12/09/content_2544880.htm。
② 新华社：《中华人民共和国国民经济和社会发展第十二个五年规划纲要》，2011年3月16日 http://www.gov.cn/2011lh/content_1825838.htm。
③ 《中华人民共和国国民经济和社会发展第十三个五年规划纲要》，《人民日报》，2016年3月18日。
④ 曹红艳：《培育绿色低碳发展的澎湃动力》，《经济日报》，2016年11月15日。

下降目标完成发挥了重要作用。

能源消费结构不断低碳化,利用效率不断提高。"十二五"期间,中国能源消费总量年均增速3.6%,较"十一五"期间年均增速低3.1个百分点。2011年—2015年期间煤炭消费年均增速2.6%,较"十一五"年均增速低4.9个百分点。2015年煤炭消费量39.6亿吨,同比下降3.7%。中国进一步大力淘汰高耗能产业落后产能,包括炼铁产能9089万吨、炼钢9486万吨、电解铝205万吨、水泥(熟料及粉磨能力)6.57亿吨、平板玻璃1.69亿重量箱。[①] 同时不断提升天然气利用规模和水平,2015年天然气在能源消费总量中的比重接近6%。

在建筑节能方面,中国也取得了积极的进展。建筑能耗与工业能耗、交通能耗成为中国能源消耗的三个主要内容。数据显示,2014年,中国建筑能耗约8.14亿吨标准煤,占全国能源消费总量的19.12%。当年中国的建筑能耗在全球排名第二,仅次于美国。[②] 因此,建筑节能对于中国的节能减排具有重要意义。在2006年—2010年的"十一五"期间,中国累计建成节能建筑面积48.57亿平方米,共形成4600万吨标准煤的节能能力。[③] 根据中国住房和城乡建设部的《"十二五"建筑节能专项规划》,到"十二五"期末,建筑节能要形成1.16亿吨标准煤节能能力的目标。住房和城乡建设部的数据显示,截至2015年,城镇新建建筑执行节能强制性标准比例基本达到100%,累计增加节能建筑面积70亿平方米,节能建筑占城镇民用建筑面积比重超过40%。另外,截至2015年底,全国共有4071个项目获得了绿色建筑评价标识,建筑面积超过4.7亿平方米。2017年3月,住房和城乡建设部发布的《建筑节能与绿色建筑发展"十三五"规划》还提出两

---

① 国家发改委:《中国应对气候变化的政策与行动2016年度报告》,2016年10月。
② 中国建筑节能协会能耗统计专业委员会:《中国建筑能耗研究报告(2016年)》,2017年3月。
③ 国务院新闻办:《中国应对气候变化的政策与行动(2011)》白皮书,2011年11月22日。

个约束性目标：到 2020 年，全国城镇新建建筑能效水平比 2015 年提升 20%，城镇新建建筑中绿色建筑面积比重超过 50%，新增绿色建筑面积 20 亿平方米以上。①

中国在交通节能领域的进展也值得引起关注。与 2005 年

入选交通运输部节能减排示范项目的 G-BOS 智慧运营系统②

相比，2015 年全国营运车辆和营运船舶单位运输周转量二氧化碳排放，分别下降 15.9% 和 20%，民航运输吨公里油耗及二氧化碳排放均下降 13.5%。③中国正在开展低碳交通运输体系建设试点。交通运输部在 26 个城市开展了低碳交通运输体系建设试点工作，积累城市绿色低碳交通运输体系实践经验。组织开展 4 个绿色交通省份、27 个绿色交通城市、11 个绿色港口、20 条绿色公路等绿色交通试点工作。推出了 6 批共 130 个部级节能减排示范项目，并将示范项目经验材料在行业进行广泛宣传推广。同时在全国范围内指导开展"车、船、路、港"千家企业低碳交通运输专项行动。

第五，大力造林和保护生态植被，增加碳汇。

根据联合国粮食及农业组织（FAO）的统计，相比 1990 年水平，2015 年世界森林面积降低了 1.29 亿公顷，全球森林生物碳储量减少了近 110 亿吨（Gt）。但是，中国由于长期大规模的植树造林和森林保育，在

---

① 住房和城乡建设部：《建筑节能与绿色建筑发展"十三五"规划》，2017 年 3 月。
② "G-BOS 智慧运营系统"由苏州金龙海格客车公司设计，是在 2011 年上榜的唯一客车项目。其主要功能在于对驾驶员行为数据、车辆运行数据等的采集和分析，实现节能高效、安全运行的目的。
③ 国家发改委：《中国应对气候变化的政策与行动 2016 年度报告》，2016 年 10 月。

世界森林面积总体降低的大趋势下却实现了森林面积大幅增长。①

"十二五"期间全国共完成造林4.5亿亩、森林抚育6亿亩，分别比"十一五"增长18%、29%，森林覆盖率提高到21.66%，森林蓄积量增加到151.37亿立方米，已提前实现到2020年增加森林蓄积量的目标，成为同期全球森林资源增长最多的国家。全国森林植被总碳储量由第七次全国森林资源清查（2004年—2008年）的78.11亿吨增加到第八次清查的84.27亿吨。2015年，全国草原综合植被覆盖度达到54%，较2011年提高3个百分点。②

第六，积极探索开展碳排放权交易试点。 2011年，北京、天津、上海、重庆、广东、湖北、深圳等7个省市开展碳排放权交易试点工作，探索利用市场机制控制温室气体排放。截至2015年底，7个试点碳市场已经全部启动，共纳入20余个行业、2600多家重点排放单位，年排放配额总量约12.4亿吨二氧化碳当量，其中北京、天津、上海、广东和深圳碳市场纳入的重点排放单位已经完成了两次碳排放权履约；7个试点碳市场累计成交排放配额交易约1.36亿吨二氧化碳当量，累计交易额约为34亿元。③

目前，中国正计划启动全国性碳排放权交易市场，利用碳定价和市场交易机制推动低碳发展，早日达到碳排放峰值。按照目前的计划，该机制将纳入包括石化、化工、建材、钢铁、有色、造纸、电力和航空等八大主要行业，参与的企业主体是年能耗10000吨标准煤以上的大约7000家企业，其总排放占当期全国化石能源燃烧碳排放总量的40%以上。未来到2020年，可能还将根据市场建设和运行情况考虑全面建立在全国覆盖面更广的碳排放权交易市场。

---

① 联合国粮食及农业组织（FAO），《2015年世界森林资源评价》（Global Forest Resource Assessment 2015），http://www.fao.org/forest-resources-assessment/zh/。
② 国家发改委：《中国应对气候变化的政策与行动2016年度报告》，2016年10月。
③ 此数据来源于国家发改委相关报告。

第七，积极开展低碳城市试点。

正如在开头提到的镇江市的情况一样，目前中国共有 6 个省和 36 个城市在开展"低碳省区"或"低碳城市"的试点工作，探索低碳绿色发展模式。

各试点地区制定低碳试点工作实施方案，探索建立控制温室气体排放目标责任制，加快建立以低碳为特征的工业、建筑、交通、能源体系，加强温室气体排放核算和清单编制基础能力建设，倡导绿色低碳的生活方式和消费模式，已取得积极成效，从整体上带动和促进全国范围的绿色低碳发展。"十二五"全国碳排放强度目标考核结果表明，"十二五"期间低碳省市试点地区的碳强度下降幅度明显高于全国平均水平。

另外，中国也在开展"低碳工业园区"、"低碳社区"和"低碳城镇"的试点计划。2014 年，发改委审核公布了"国家低碳工业园区"试点名单，研究开展相应的评价指标体系和配套政策。2015 年 8 月和 12 月，工业和信息化部和发展改革委先后两次分别批复同意 39 家（第一批）和 12 家（第二批）"国家低碳工业园区"试点。获得试点资格的工业园区可以获得各级政府在相关的资金、政策、项目等给予的倾斜，各地方政府还将积极研究出台扶持园区发展的优惠政策。

2015 年 2 月，国家发改委发布《低碳社区试点建设指南》，并组织开展"低碳社区"碳排放核算方法学和评价指标体系研究，指导各地开展"低碳社区"建设工作，开展全国"低碳社区"示范遴选。该指南建立了低碳社区的指标体系，要求社区的二氧化碳排放量比上年下降 10% 以上，新建建筑的节能建筑占比超过 60%，公交分担率超过 60% 等等，另外还有一系列引导性指标，引导社区居民的节能减排行为。全国计划在全国建设 1000 个左右"低碳社区"试点，并择优建设一批国家级低碳示范社区，打造一批符合不同区域特点、不同发展水平、特色鲜明的"低碳社区"，为有效控制城乡居民生活领域温室气体排放提供引领和借鉴。

第八，积极推进应对气候变化南南合作。按照《联合国气候变化框架公约》的要求，发达国家应该率先减排，并且为发展中国家提供资金和技术以帮助应对气候变化。中国作为发展中国家并不承担相应的资金和技术转移的义务。但是多年来，中国政府认真落实气候变化领域南南合作政策承诺，支持发展中国家特别是最不发达国家、非洲、小岛屿发展中国家应对气候变化挑战。

2014年9月，国务院副总理张高丽作为习近平主席特使，出席在纽约召开的联合国气候峰会时宣布，中国将大力推进应对气候变化南南合作，从2015年开始在现有基础上把每年的资金支持翻一番，建立气候变化南南合作基金。①在此之前，中国已经提供600万美元资金支持联合国秘书长推动应对气候变化南南合作。

在2014年9月发表的《中美元首气候变化联合声明》中，中国宣布出资200亿元人民币建立"中国气候变化南南合作基金"，帮助其他发展中国家应对气候变化。

2016年，中国在其他发展中国家已启动开展10个低碳示范区、100个减缓和适应气候变化项目及1000个应对气候变化培训名额的合作项目，继续推进清洁能源、防灾减灾、生态保护、气候适应型农业、低碳智慧型城市建设等领域的国际合作，并帮助他们提高融资能力。②

---

① 张高丽：《凝聚共识落实行动，构建合作共赢的全球气候治理体系——在联合国气候峰会上的讲话》，2014年9月23日。
② 国家发展和改革委员会：《中国应对气候变化的政策与行动2015年度报告》，2015年10月。国家发展和改革委员会：《中国应对气候变化的政策与行动2016年度报告》，2016年10月。

不少国家和国际机构，特别是发展中国家人士对此非常赞赏，认为中国这一举措对世界应对气候变化做出了贡献，展现了其勇于承担国际责任、履行国际义务的大国风范，给其他国家尤其是发达国家做出了榜样。①

---

① 新华网：《中国为应对全球气候变化做出贡献》，2015年11月25日，http://news.xinhuanet.com/ttgg/2015-11/25/c_1117257776.htm.

第八章

中国的可持续发展转型历程

——从灰色到绿色的蜕变

在人类历史上 30 年并不长，然而就在这样短的时间里，中国已经从一个以马、马车和自行车为主要交通工具的国家，成为世界上主要的工业经济体。

30 年前，中国的人口占世界人口的 22%；2016 年，中国人口占世界人口的 18.8%。中国人口政策的成功，使得全世界 60 亿人口日到 70 亿人口日向后推迟了 4 到 5 年。中国的人口政策的执行是对世界可持续发展的一个重大贡献。与此同时，中国人均预期寿命从 30 年前的 67 岁增长到现在的 76 岁，人均平均寿命提高了 8 岁，这意味着中国在经济发展、环境改善和社会保障等民生问题上取得了非常有效的成绩。

中国的人类发展指数已经超过世界平均水平，进入高水平发展阶段。这份优异的成绩单，要归功于中国对可持续发展的认真落实。在 20 多年的发展历程中，可持续发展在中国已经深入人心。在中国随便找一位县长或县委书记，都知道什么是可持续发展，而且都希望把可持续发展贯彻到自己所在的区域发展中。中国各级政府从最初的"只要金山银山，不管绿水青山"，到"既要金山银山，又要绿水青山"，是一个进步。但中国已经迈入了一个更高的认识水平，那就是"绿水青山也是金山银山"，这在全世界可持续发展理念中也得到了高度评价。这意味着保护好自然资源，保护好自然环境，保护好生态服务功能，本身就是最大的财富。这种认识比一开始"只要金山银山，不管绿水青山"，是不可同日而语的。中国在贯彻可持续发展战略方面是自觉的、积极的、主动的,而且是卓有成效的,这种卓有成效不光是数字的体现,还有全世界对于中国变化的感觉,以及对中国在可持续发展方面取得成就的认可。

一、中国的可持续发展总体进展

经济发展、社会进步、资源环境保护是可持续发展的三大支柱。作为世界最大的发展中国家,中国人口众多,环境压力大,人均的淡水、耕地和森林资源的占有量分别为世界人均水平的28%、40%和25%。中国的国情决定了中国走可持续发展的道路是必然的选择。30年来,中国国民经济持续、快速、健康发展,综合国力明显增强,人民物质生活水平和生活质量有了较大幅度改善;教育、卫生、社会保障等事业取得了显著成效;资源综合利用水平明显提高,生态环境保护取得初步成效。中国在促进经济社会发展与资源环境相协调上取得了积极成效。

中国过去30年经济发展的成果,是世界经济史上的奇迹,是一个落后的穷国在人类历史上以前所未有的速度起飞的最佳实践。中国是世界上人口最多的发展中国家,让13亿多人过上好日子,是推进现代化建设的根本目的。过去15年,中国政府高度重视并率先实现联合国千年发展目标[①],在减贫、卫生、教育等领域取得了举世瞩目的成就。4亿多人摆脱贫困,5岁以下儿童死亡率降低2/3,孕产妇死亡率降低3/4,中国织就了世界上最大的养老、医疗社会保障网。2004年以来中国粮食产量连续11年增长,用占世界不足10%的耕地和不足6%的淡水资源,养活了占世界近20%的人口。

中国的减贫历程是中国实现可持续发展目标的重要内容。1994年,中国发布了《国家八七扶贫攻坚计划》,决定力争用七八年的时间,基

---

① 联合国千年发展目标:消灭极端贫穷和饥饿;普及小学教育;促进男女平等并赋予妇女权利;降低儿童死亡率;改善产妇保健;与艾滋病毒/艾滋病、疟疾和其他疾病作斗争;确保环境的可持续能力;全球合作促进发展。

本解决全国农村 8000 万贫困人口的温饱问题，并从形势到任务都做了明确规定。此后，中国又出台了 2001 年至 2010 年、2011 年至 2020 年两部《中国农村扶贫开发纲要》，国务院扶贫开发领导小组办公室（后简称"国务院扶贫办"）在此过程中发挥了重要作用。全球只有少数几个国家拥有像中国这样的专有协调机制。1990 年到 2011 年，在国际极端贫困线和中国贫困线都在逐年上升的情况下，中国贫困人口减少了 4.39 亿，极端贫困率降低了 94%。迄今为止，超过 70% 的全球减贫工作归功于中国的努力。2015 年 10 月 16 日联合国秘书长潘基文在北京人民大会堂举行的减贫与发展高层论坛上，指出"千年发展目标"成功帮助全世界 10 亿多人摆脱极端贫困，中国的减贫成就占全球减贫的四分之三。

无论以中国官方贫困线还是世界银行的贫困标准来衡量，中国的减贫都取得了举世瞩目的成就。中国的官方贫困线进行了多次调整。1986 年，国家统计局和国务院扶贫办在 1984 年农村住户调查数据的基础上，合作制定了第一条正式的贫困线，当时确定的绝对贫困线为人均纯收入 206 元 / 年。1997 年，国家统计局采用了世界银行经济学家 Martin Ravallion 提出的方法，将中国的绝对贫困线调整为 1997 年不变价格下的人均纯收入 640 元 / 年，但是这条贫困线仅相当于当时国际 1 美元标准的 60%。因此，2000 年，国家统计局按照恩格尔系数[①]0.6 来计算非食物贫困线，也就是 2000 年不变价格下的人均纯收入是 865 元 / 年，这条贫困线非常接近于国际 1 美元标准。从 2000 年到 2008 年，中国一直采用两条贫困线来监测贫困人口数量。2008 年底，中国取消了绝对贫困线，将接近国际 1 美元标准的低收入贫困线作为官方贫困线，也就是 2008 年不变价格下的人均纯收入 1067 元 / 年，2009

---

① 恩格尔系数（Engel's Coefficient）是食品支出总额占个人消费支出总额的比重。恩格尔系数达 59% 以上为贫困，50%—59% 为温饱，40%—50% 为小康，30%—40% 为富裕，低于 30% 为最富裕。

年为1196元/年。从2010年起，中国政府开始大幅调整官方贫困线。2011年，中国官方贫困线上升为2300元/年。此后每年根据价格变化水平做出相应调整，2016年贫困线提高到3000元/年。调整贫困线的依据是按照农村每人每天的收入可以支持一斤米面、一斤蔬菜、一两肉蛋等食品的标准，这样就可以保障2100大卡的热量和60克的蛋白质；同时还要支持基本的衣着、水电、交通通讯、教育和医疗的支出等。不同贫困标准下中国的贫困人口变化趋势见下图。

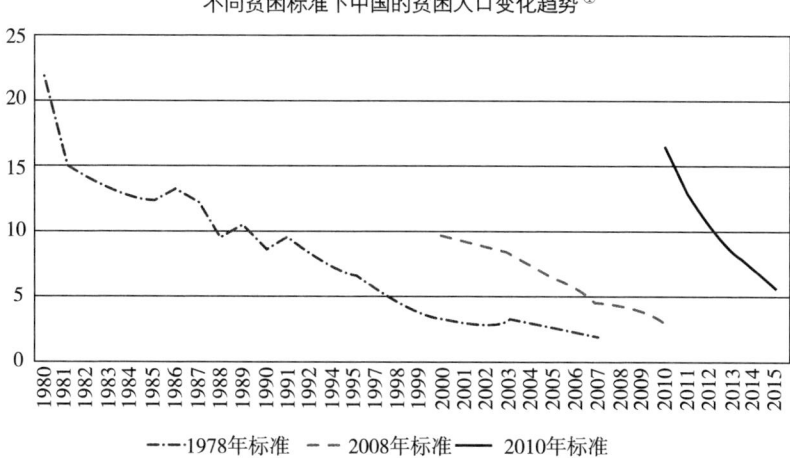

不同贫困标准下中国的贫困人口变化趋势①

从国际贫困标准来看，中国减贫对世界减贫的贡献非常显著。按照1.25美元的标准，从1981年到1990年，中国减贫人数为1.52亿，全世界减贫人数仅为0.31亿；从1990年到1999年，中国减贫人数为2.37亿，全世界减贫人数为1.69亿，这也就是说，如果没有中国在减贫方面取得的成就，从1981年到1999年，世界贫困人口总量是增加的。从1999到2010年，中国减贫人数为2.89亿，占全世界减贫人数的54.9%；从1990到2010年，中国减贫人数为5.26亿，占全世界减贫人数的75.7%。30年中，中国的贫困人口发生率从远高于世界贫困人口发生率回落到低水平。

---

① 数据来源：国家统计局

中国与世界绝对贫困人口变化（1981—2013）（贫困标准为 1.25 美元）①

年份	中国绝对贫困人口（亿人）	世界绝对贫困人口（亿人）	中国占世界比重（%）	中国贫困人口发生率（%）	世界贫困人口发生率（%）
1981	8.35	19.38	43.1	84.0	52.2
1984	7.20	18.58	38.7	69.4	47.1
1987	5.86	17.68	33.1	54.0	42.3
1990	6.83	19.07	35.8	60.2	43.0
1993	6.33	19.11	33.1	53.7	41.0
1996	4.43	17.02	26.0	36.4	34.8
1999	4.46	17.38	25.7	35.6	34.0
2002	3.63	16.36	22.2	28.4	30.7
2005	2.12	13.86	15.3	16.3	25.0
2008	1.73	13.00	13.3	13.1	22.6
2010	1.57	12.12	13.0	11.8	20.6

中国把教育作为立国之本，全面实行城乡九年免费义务教育制度，基本实现了教育与就业中的性别平等。中国的文盲率由 2000 年的 6.7% 下降到 2014 年的 4.1%；青壮年文盲率由 2000 年的 2.8% 下降到 2014 年的 1.0%；男女平均受教育年限差距从 2000 年的 1.3 年缩小到 2014 年的 0.8 年。

15 年来，中国在促进包括妇女和青年人在内的全体劳动者就业创业方面取得了进展。2003 年—2014 年，全国城镇新增就业累计达 1.37 亿人，城镇登记失业率 4.3% 以下。中国妇女就业范围和种类不断扩大。目前中国女科技工作者达到 2100 多万，约占全国科技工作者总数的 40%。中国妇女参政状况不断改善。第十二届全国人民代表大会②（2013 年）中女性代表比例达 23.4%，比第十届（2003 年）提高了 3.2%。终身

---

① 数据来源：世界银行数据库
② 中华人民共和国全国人民代表大会是最高国家权力机关。它的常设机关是全国人民代表大会常务委员会。全国人民代表大会和全国人民代表大会常务委员会行使国家立法权。全国人民代表大会每届任期五年，每年举行一次会议。

教育概念在中国得到普及。中国于20世纪90年代中期参考借鉴国际社会倡导的理念，立法确认终身教育概念。进入21世纪以来，明确要求"试行普通高校、高职院校、成人高校之间学分转换，拓宽终身学习通道"。"十三五"规划提出以"提高教育质量"为主题，提出覆盖各级各类教育的发展目标和任务，落实并深化考试招生制度改革和教育教学改革，强调探索建立个人学习账号和学分累计制度，畅通继续教育、终身学习通道，为显著提高国民素质和社会文明程度打下了基础。

中国不断完善两性平等的制度体系。目前已形成以宪法为基础，以妇女权益保障法为主体，包括就业促进法、劳动合同法、女职工劳动保护特别规定等在内的100多部法律法规，反家庭暴力法已进入立法程序，为妇女发展和维权提供了根本保障。从1995年起，中国连续制定了三个《中国妇女发展纲要》。2009年，中国制定了"妇女小额担保贷款财政贴息政策"，截至2014年底，累计发放妇女小额担保贷款2172.75亿元，为459.15万人次妇女提供创业启动资金，辐射带动千万妇女创业就业。

李巧巧是甘肃省的一名农村妇女，从1998年开始小量收购草编，然后转卖给其他商贩，从中获取少量的收入，维持家庭生计。2003年她获得小额信贷2000元贷款，购进两台草帽加工机器，季节性雇用4人为她收购草编和加工草帽，产品大多销往外地，收到了明显的经济效益。在按时还清第一笔贷款以后，李巧巧又取得了第二笔2000元的贷款资金，添置了两台草编加工机器。如今，李巧巧正常季节性雇用女工5人至6人，年纯收入2万元以上。她雇用的女工在2006年一月净收入达600元左右。在李巧巧的带动下，当地开展草帽加工的妇女多了起来，并逐渐走向富裕。从妇女参政情况而言，2013年全国居民委员会中女性成员比例达到48.4%，女性进入全国30个省级、395个地市级政府班子的比例超过93%，有些省市甚至实现了村村都有女委员。

中国的医疗卫生服务体系不断健全，儿童与孕产妇死亡率显著下降，在遏制艾滋病、肺结核等传染性疾病蔓延方面取得积极进展。2016年9月19日在美国纽约联合国大楼举办的"可持续发展目标：共同努力改造我们的世界——中国主张"座谈会上，世界卫生组织总干事陈冯富珍称赞，中国通过深化医改，让一个拥有13亿人口的国家实现了95%的医疗覆盖率，这是"人类史无前例的创举。"15年来，中国医疗卫生服务资源总量持续增加。

妇女小额担保贴息贷款送到农户家

中国在社会保障方面也交出了一份满意的答卷。2000年以来，中国持续加强城镇供水、污水治理设施建设。中国政府从2005年开始实施农村饮水安全工程，农村供水工作实现了从"饮水解困"到"饮水安全"的阶段性转变。全国农村集中式供水人口比例由2004年的38%增加到2016年的82%。2008年起，中国开始实施大规模保障性安居工程。截至2014年底，通过中央财政补贴的方式累计帮助4000多万户城镇家庭和1565.4万

农村饮水安全工程

户贫困农户解决了住房困难问题。中国大力推进卫生、教育等民生工程,男、女小学学龄儿童净入学率稳定维持在99%以上。①

中国甘肃省天水市清水县保障性安居房建设

中国扭转了环境资源退化的趋势,获得安全饮水的人口增加5亿多人,保障性安居工程全面启动。15年来,中国以对人类、对未来高度负责的精神,持续开展生态建设工程,取得了举世瞩目的成就。2000年—2013年,中国共完成人工造林面积6089万公顷。根据第八次(2009年—2013年)全国森林资源清查数据,中国森林面积由第六次清查(1999年—2003年)期间的1.75亿公顷增加到2.08亿公顷,森林覆盖率由18.21%增加到21.63%,森林蓄积量由124.56亿立方米增加到151.37亿立方米。中国卓有成效的造林行动,为减缓全球森林资源退化做出了贡献。

中国在保护生物多样性方面同样做出了巨大努力。中国是全球公认的12个"生物多样性巨丰"国家之一,拥有超过6500种脊椎动物,占世界脊椎动物总数的14%。但是,中国也是全球生物多样性丧失最为严重的国家之一。中国不同生态系统中10余个旗舰物种和关键物种

---

① 《中国实施千年发展目标进展情况报告(2000—2015)》,中国外交部与联合国驻华系统合作出版。

大都显示出明显的下降趋势，在上世纪60至80年代尤为显著。中国基本建立了类型齐全、布局合理、功能健全的自然保护区群或网络，目前3000多个自然保护区

|四川省唐家河国家自然保护区

的面积已达国土面积的15%。一些国家重点保护的野生动植物种群数量稳中有升，分布范围逐渐扩大。国家对自然保护区工作的重视持续加强，野生动植物的生活环境质量不断改善。中国大熊猫数量从上世纪80年代的1000多只增加到现在的1864只，朱鹮数量从80年代的7只增加到目前的约2000多只，红豆杉、兰科植物、苏铁等保护植物种群不断扩大，分布范围越来越广。

目前，自然保护区保护了中国90%的陆地生态系统类型、85%的野生动物种群和65%的高等植物群落，涵盖了20%的原始天然林、50%以上的自然湿地和30%的典型荒漠地区。

中国对大熊猫的保护是世界生物多样性保护中的亮点。大熊猫作为中国特有物种，曾处于极度濒危状态，被列为世界旗舰物种之一。中国颁布了一系列有关保护野生动植物及栖息地的法规、办法，包括《野生动物保护法》《自然保护区条例》和《陆生野生动物保护实施条例》及其《大熊猫管理办法》。国家还安排了专项的经费和资金，对大熊猫及其栖息地进行保护，进行基础设施建设、能力建设，中央政府每年都安排相应的投资，这也是大熊猫保护的一个前提和保障。中国从上至下对大熊猫的保护形成网络，国家林业局有大熊猫管理办公室，

川陕甘三省都有相应的机构，一共有 67 个自然保护区，保护区下面有管理站，管理站有管理人员，都形成了网络。每年中央都安排一定的资金进行大熊猫的科学研究，对一些课题进行重点攻关。2016 年初第四次全国大熊猫调查结果显示：截至 2013 年底，全国野生大熊猫种群数量达到 1864 只，增长了 16.8%；栖息地面积达到 258 万公顷，增长了 11.8%；全国圈养大熊猫种群数量达到 375 只。调查还表明，中国的大熊猫生存状况较之于 10 年前，有 4 个明显改善：一是野生种群数量稳定增长，二是栖息地范围明显扩大，三是圈养种群规模快速发展，四是保护管理能力逐步增强。

众所周知，熊猫"巴斯"是 1990 年北京亚运会吉祥物"盼盼"的原型，也是现在活着的年龄最大的熊猫。"巴斯"的长寿是人类和地球上生态系统健康发展的一个映射。因为保护大熊猫不光是保护一个物种，而是保护和它相关的 8000 多种动物、植物、微生物的系统，同时也为生物多样性保护提供系统的经验和知识。大熊猫保护取得显著成效，给中国人民传递出一个积极信号：大熊猫可以保护好，其他物种也可以！

2011 年至 2013 年间，WWF[①]（中国）在四川省的 6 个自然保护区（王朗、鞍子河、小河沟、黑竹沟、冶勒、申果庄）内布设了 100 多台红外相机进行红外影像拍摄，其间拍摄到了野生大熊猫及其他 21 个物种，包括小熊猫、扭角羚与豹猫等难得一见的珍稀动物。在大熊猫这一旗舰性物种的遮护下，得以保护更多的物种。

---

① 世界自然基金会（World Wide Fund for Nature or World Wildlife Fund）是在全球享有盛誉的、最大的独立性非政府环境保护组织之一，自 1961 年成立以来，WWF 一直致力于环保事业，在全世界拥有超过 500 万支持者和超过 100 个国家参与的项目网络。

世界现存最长寿的熊猫"巴斯",亚运会吉祥物熊猫"盼盼"原型 | 1990年亚运会吉祥物"盼盼"

二、可持续发展实践背后的中国理念

中国可持续发展取得的成就,得益于中国政府坚定不移实施可持续发展战略。把自上而下的战略部署与自下而上的探索紧密结合,立足基本国情,初步探索出了一条具有中国特色的可持续发展道路。中国政府一直把保护环境作为国家的一项基本国策,并确定了环境与经济、社会协调发展的指导方针和可持续发展战略。中国人口多、底子薄、耕地少、人均资源相对短缺,这是基本国情。从基本国情出发,将环境保护定为基本国策,根本目的是促进经济的可持续发展。

中国环境管理的理念是通过"三同时"、"三同步"和"三统一"来实现的。1973年国务院下发的《关于保护和改善环境的若干规定》中首次正式提出:一切新建、扩建和改建的企业必须执行"三同时"制度,1976年中共中央批转的《关于加强环境保护工作的报告》中重申了这项制度,1979年的《环保法(试行)》、1989年的《环保法》、各时期单项环保法律及国务院《建设项目环境保护条例》均规定了建设项目必须执行"三同时"制度。"三同时"制度是中国创立的预防和控制新污染的环境管理制度,核心内容是在一切新、改、扩建的建设项目、技术改造工程项目和自然开发项目中,防治污染和保护环境的设施,必须与主体工程同时设计、同时施工、同时投产。具体要求是:在项目设计阶段,必须有环境保护设计;在施工阶段,环保设施必须与主体工程同时施工;在投产或正式使用前,建设单位必须向环境保护行政主管部门提交"环境保护设施竣工验收报告",说明设施运行情况、污染治理情况和达到的标准,验收合格后方可正式投入使用。"三同时"制度与环境影响评价制度是相辅相成的。"三同步"是经济建设、城乡建设和环境建设同步规划、同步实施、同步发展。"三统一"是经济效益、社会效益、环境效益相统一。

中共十七大[①]**提出建设"两型社会",即"资源节约型社会、环境友好型社会"**。资源节约型社会是指整个社会经济建立在节约资源的基础上,建设节约型社会的核心是节约资源,即在生产、流通、消费等各领域各环节,通过采取技术和管理等综合措施,厉行节约,不断提高资源利用效率,尽可能地减少资源消耗和环境代价,满足人们日益增长的物质文化需求的发展模式。环境友好型社会是一种人与自然和谐共生的社会形态,其核心内涵是人类的生产和消费活动与自然生态系统协调可持续发展。资源节约型包含了探索集约用地方式、建设循环经济示范区、深化资源价格改革;环境友好型则囊括了建立主体功能区,制定评价指标、生态补偿和环境约束政策和完善排污权有偿转让交易制度等。

中共十八大[②]**提出**,中国未来总体布局由经济建设、政治建设、文化建设、社会建设"四位一体"拓展为包括生态文明建设的"五位一体"。推进生态文明建设是坚持以人为本的基本要求。坚持以人为

---

① 中国共产党第十七次全国代表大会(简称十七大)于 2007 年 10 月 15 日在北京召开。
② 中国共产党第十八次全国代表大会(简称十八大)于 2012 年 11 月 8 日在北京召开。

本，首先要保障好人民群众的身心健康。中国人民过去"求温饱",现在"盼环保",希望生活的环境优美宜居,能喝上干净的水、呼吸上清新的空气、吃上安全放心的食品。拥有天蓝、地绿、水净的美好家园,是每个中国人的梦想。中国把生态文明建设放在突出地位,融入经济、政治、文化、社会建设的各方面和全过程。生态文明既关系民生福祉,也关系民族未来。大自然哺育了我们的祖先,给予了我们生存与发展条件,还将养育我们的子孙后代。① 中国坚持节约资源和保护环境的基本国策,坚持节约优先、保护优先、自然恢复为主的方针,着力推进通过绿色发展、循环发展、低碳发展建设生态文明。

生态文明建设 2020 年主要目标

序号	内容
1	单位国内生产总值二氧化碳排放强度比 2005 年下降 40%—45%
2	用水电量力争控制在 6700 亿立方米以内,万元工业增加值用水量降低到 65 立方米以下,农田灌溉水有效利用系数提高到 0.55 以上
3	非化石能源占一次能源消费比重达到 15% 左右
4	重要江河湖泊水功能区水质达标率提高到 80% 以上
5	森林覆盖率达到 23% 以上
6	草原综合植被覆盖度达到 56%
7	湿地面积不低于 8 亿亩
8	50% 以上可治理沙化土地得到治理
9	自然岸线保有率不低于 35%

关于生态与经济的相互关系,国家主席习近平于 2013 年 9 月在哈萨克斯坦访问时曾指出:"我们既要绿水青山,也要金山银山。宁要绿水青山,不要金山银山,而且绿水青山就是金山银山。我们绝不能以牺牲生态环境为代价换取经济的一时发展。"习近平用"绿水青山"与"金山银山"的关系,比喻保护生态环境与发展经济之间的辩证关系,强调两者之间不是对立的,而是相互支撑、相互转化的。习近平 2013 年 4 月考察海南时

---

① 张高丽:《大力推进生态文明 努力建设美丽中国》,《求是》,2013.12.16。

曾说:"保护生态环境就是保护生产力,改善生态环境就是发展生产力。"这从根本上要求各级地方政府,从传统的资源驱动型向创新驱动型转变。"既要金山银山,更要绿水青山",要在发展经济的同时,把资源利用好、环境治理好、生态保护好,切实维护大自然对人类的永续供养能力,让大自然能够更好地休养生息,给子孙后代留下更大的发展空间。

十八届五中全会[①]**明确提出了坚持绿色发展的理念**。坚持绿色发展,必须坚持节约资源和保护环境的基本国策,坚持可持续发展,坚定走生产发展、生活富裕、生态良好的文明发展道路,加快建设资源节约型、环境友好型社会,形成人与自然和谐发展现代化建设新格局,推进美丽中国建设,为全球生态安全做出新贡献。绿色发展是实现可持续发展的一种方式,它以理性的方式优化资源利用,引导选择可持续的生产与消费模式。中国力求将绿色发展置于中心位置,力求能够实现经济可持续增长、社会稳定,同时保护环境、为子孙后代保留资源。

三、中国政策为可持续发展保驾护航

中国将可持续发展作为国家级战略进行推进。从政府层面而言,中国是最早提出并实施可持续发展战略的国家之一。1992年6月,在里约热内卢世界首脑会议上,中国政府庄严签署了《环境与发展宣言》。1994年3月25日,国务院通过了《中国21世纪议程》。为了支持《议程》的实施,同时还制订了《中国21世纪议程优先项目计划》。1994年7月4日,国务院批准了第一个国家级可持续发展战略——《中国21世纪人口、环境与发展白皮书》,从此"可持续发展"概念进入

---

① 中国共产党第十八届中央委员会第五次全体会议(简称十八届五中全会),于2015年10月26日至29日在北京召开。

公众视角。1996年中国将可持续发展上升为国家战略，全面纳入国民经济与社会发展规划。同年《国务院关于环境保护若干问题的决定》中确定了2000年要实现的环保目标，即"一控双达标"。"一控"指的是污染物总量控制，要求到2000年底，各省、自治区、直辖市要使本辖区主要污染物的排放量，控制在国家规定的排放总量指标内。总量控制并非对所有的污染物都控制，而是对二氧化硫、工业粉尘、化学耗氧量、汞、镉等12种主要工业污染物进行控制。"双达标"指的是，工业污染源要达到国家或地方规定的污染物排放标准；空气和地面水按功能区达到国家规定的环境质量标准。按功能区达标指的是城市中的工业区、生活区、文教区、商业区、风景旅游区、自然保护区等等，不是执行一个环境质量标准，而是分别达到不同的环境质量标准。据国家环保总局发布的《1999年中国环境状况公报》，1999年，中国12种主要工业污染物的排放量未超过国家总量控制指标。

进入新世纪，中国进一步深化对可持续发展内涵的认识。2000年以来，中国围绕可持续发展战略的实施，相继颁布和修订了一系列法律、法规，将相应内容纳入国民经济和社会发展五年规划纲要，制定了促进可持续发展战略实施的系列专项规划，并调动各种力量予以推进落实。

2003年中国提出了以"以人为本、全面协调可持续发展"为核心内容的科学发展观。2005年，中国提出要坚持在发展中解决环境问题，积极推进经济结构调整和经济增长方式的根本性转变，切实改变先污染后治理、边治理边破坏的状况，依靠科技进步，发展循环经济，倡导生态文明，强化环境法治，完善监管体制，建立长效机制，建设资源节约型和环境友好型社会，努力让人民群众喝上干净的水、呼吸清洁的空气、吃上放心的食物，在良好的环境中生产生活。2007年中国提出了建设生态文明的先进理念。2012年，中国把生态文明建设纳入"五位一体"的总体布局。

中国对生态安全的重视提高到了前所未有的程度，通过国家总体布局建设生态安全屏障。"十三五"规划对生态保护进一步落实，通过划定主体功能区、生态功能区以及划定生态红线，形成以"两屏三带"（青藏高原生态屏障、黄土高原—川滇生态屏障、东北森林带、北方防沙带、南方丘陵山地带），近岸近海生态区以及大江大河重要水系为骨架，以其他重点生态功能区为重要支撑，以禁止开发区域为重要组成部分的生态安全战略格局。

早在2004年建设青藏铁路之初，中国就已经把生态安全纳入考虑。青藏铁路绵延1110公里，是目前世界上跨越自然保护区距离最长、数量最多的铁路，穿越了青海可可西里国家级自然保护区、青海三江源国家级自然保护区和西藏色林错自然保护区。这里生活着大量

桥梁下方通道

隧道上方通道

路基平交缓坡通道

复合通道

珍稀的草原动物如藏羚羊、盘羊、藏原羚，这些大型食草动物在不同季节间取食、饮水、繁殖等都需要进行大规模、长距离的迁移。为此青藏铁路建设与当地野生动物保护的关系，备受全国乃至全世界各方面人士的关注。在青藏铁路设计时，为了不影响野生动物的生活和迁徙，对于穿越可可西里、羌塘等自然保护区的铁路线，尽可能采取了绕避的方案。同时，根据沿线野生动物的生活习性、迁徙规律等，在相应的地段设置了野生动物通道，以保障野生动物的正常生活、迁徙和繁衍。野生动物通道设计时不仅吸纳了野生动物专家、环保部门的建议，还征求了当地牧民的意见。

中国制定了以"节能减排"约束性指标为核心的新时期可持续发展战略，并赋予这些目标法律约束力。 从"十一五"开始，中国制定了降低能耗强度20%和减少主要污染物排放10%的约束性指标，并相应制定了综合性工作方案及其重点工作，通过采取法律、行政、经济、技术等一揽子综合措施予以落实。2009年，进一步将应对气候变化的内容充实到节能减排战略中，首次对国际社会承诺自愿降低碳强度和增加森林碳汇[①]等量化指标。在"十二五"期间，中国政府继续"十一五"的政策取向，提出要以转变经济发展方式为主线，增加了非化石能源比重等约束性指标，提出了合理控制能源消费总量、逐步建立碳排放交易市场等新政策，促进中国的绿色低碳发展和转型，逐步从理念到实践，走出了一条中国特色的可持续发展道路。

中国为落实可持续发展建立健全法律和制度体系，调动社会各界广泛参与。 中国政府按照落实千年发展目标和其他国家重大发展战略需要，相继颁布实施或修订了包括《义务教育法》《妇女权益保障法》《劳动合同法》《传染病防治法》在内的数十部相关的法律、法规，制定了

---

① 碳汇，是指通过植树造林、森林管理、植被恢复等措施，利用植物光合作用吸收大气中的二氧化碳，并将其固定在植被和土壤中，从而减少温室气体在大气中浓度的过程、活动或机制。

一系列政策措施。就环境立法而言，中国于2001年颁布了世界上首部《防沙治沙法》，2002年实施包括《环境保护法》在内的多项法律法规，2013年分别发布实施《大气污染防治行动计划》和《水污染防治行动计划》。中国政府通过主动引导、多方合作、舆论宣传等途径，形成了政府主导、社会各界广泛参与的推进机制。比如，中国青年基金会于1989年10月发起的"希望工程"，是中国社会参与最广泛、最富影响的民间公益事业。截至2015年，全国希望工程累计接受捐款118亿元，资助学生535万名，援建希望小学近2万所，援建希望工程图书室2.3万套、希望厨房5000余个、快乐体育近8千套、快乐音乐1000余套、快乐电影620套、电脑教室1200余套。当年接受希望工程资助的儿童苏明娟，已读完大学并成为一名银行白领。再比如1989年，在全国妇联领导下，中国儿童少年基金会发起并组织实施了"春蕾计划"儿童公益项目，汇聚社会爱心，资助贫困地区失辍学女童继续学业，改善贫困地区办学条件，辅助国家发展儿童少年教育福利事业。

截至目前，"春蕾计划"已资助女童345万人次，捐建春蕾学校1489所，对52.3万人次女童进行实用技术培训，编写发放护蕾手册150万套。已经有一大批春蕾生成长成才，成为女军官、女教师、女医生、女科技工作者等，在工作岗位上表现出色。

中国政府高度重视依靠科技创新及其推广应用，来实现可持续发展。从2000年到2015年以来，中国政府有针对性地部署了"国家粮食丰产科技工程"、"重大新药创制"、"水体污染控制与治理"等国家科技发展计划，同时还开展了"科技惠民专项行动"、"科技特派员"、"农技110"等科技推广应用专门行动。比如，科技扶贫是中国扶贫开发工作的重要组成部分。多年来，各级政府支持和发动科技人员紧密围绕贫困地区经济社会发展中的共性关键技术，大力组织研究攻关，有力促进了人才、技术、管理、信息以及资本等现代要素向贫困地区逆向流动。这种"造血式"的扶贫是加快相关地区脱贫致富的一项治本之策。

"苦瘠甲天下"的宁夏回族自治区西海固,是国家确定的14个特困地区之一。多年来,从中央到地方,各级政府在扶贫政策、资金、项目等方面给予大力支持,投入专项扶贫资金100多亿元、移民资金155亿元,累计减少贫困人口290万人。西海固的生产、生活条件得到了很大的改善,走出了一条"造血式"扶贫的新路。为了实现可持续脱贫,西海固地区的各个县区都采取了"普惠+特惠"政策叠加的方式将扶助措施直接到户,一县一业、一乡一品、一村一特色、一户一策,大力发展富民增收的特色产业,各地先后涌现出许多依托优势产业脱贫的新模式。

此外,中国政府根据实现可持续发展和千年发展目标的需要,于1986年开始组织建设可持续发展实验区,在大城市改造、小城镇建设、社区管理、环境保护及资源可持续利用、资源型城市发展、旅游资源的可持续开发与保护等方面积累了丰富的经验。实验区在实践中探索不同类型地区的经济、社会和资源环境协调发展的机制和模式,为不同类型地区实施可持续发展提供示范样板和引领带动作用,为推进国家可持续发展战略实施提供了积极、有益的尝试,也为推动《中国21世纪议程》积累了重要的经验。

中国在实现可持续目标的过程中,兼顾近期目标和远期目标。以消除贫困为例,中国自2000年制定并实施《中国农村扶贫开发纲要》以来,不断提高扶贫政策执行力,2014年更是创造性地提出"精准扶贫"、"区域开发"和"社会保障"相结合的扶贫战略,通过发展特色产业脱贫,引导劳务输出脱贫,实施易地搬迁扶贫,实行社会保障兜底政策等措施,加快了中国扶贫开发进程。中国减贫的远期目标是到2020年,实现现行标准下的7017万贫困人口全部脱贫,这就意味着平均每月要脱贫 100 万人口。这一国内减贫目标比国际上《2003 年可持续发展议程》所设定的完全消除贫困的目标时间提前 10 年。中国已经提出要将减贫作为扩大内需和刺激经济增长的手段，在实施精准扶贫战略的前提下，将扶贫与经济、社会及环境发展结合，分步实现减贫目标，力求实现在 2030 年全面建成小康社会。此外，中国秉持共同但有区别责任的原则，通过南南合作①的方式帮助其他发展中国家脱离贫困。

中国在促进可持续发展的进程中，非政府组织也十分活跃。比如，在全球绿色资助基金（GGF）资助下成立的新疆自然保育基金，支持或开展了雪豹保护、新疆北鲵保育、新疆雪莲非法贸易调查等活动，并举办了系列新疆环境论坛。辽宁盘锦市黑嘴鸥保护协会对当地的濒危物种——黑嘴鸥进行了长达 10 多年的保护和公众教育活动，对制约针对黑嘴鸥繁殖地的商业性开发和促进政府的有效管理起到了关键作用。

|辽宁盘锦市黑嘴鸥保护协会挽救的黑嘴鸥

---

① 南南合作，即发展中国家间的经济技术合作（因为发展中国家的地理位置大多位于南半球和北半球的南部分，因而发展中国家间的经济技术合作被称为"南南合作"），旨在促进发展中国家之间，传播人类活动所有领域内的知识或经验。

云南昭通黑颈鹤保护志愿者协会也在当地黑颈鹤越冬栖息地开展活动，协调动物与农村社区的关系，并筹资为黑颈鹤投食过冬。云南生物多样性和传统知识研究会则长期致力于记录和传播乡土知识，促进民间和地方政府决策部门之间的对话，提高西南少数民族地区和贫困山区原

云南昭通黑颈鹤保护志愿者协会挽救的黑颈鹤

住民的自身能力。青海三江源生态环境保护协会2004年8月启动了"绿色社区网络"，在三江源地区的寺院、社区和学校开展生态文化和社区可持续教育。①

中国一直在引领全球增长，这不仅造福了中国民众，也是在造福全世界民众。在可持续发展领域取得的令人关注的成就，是中国坚持改革开放、坚持通过发展解决发展中问题的成果。美国经济学家科斯曾说："为中国而奋斗，就是为世界而奋斗"。②用这句话来诠释中国可持续发展的世界意义，恰如其分。

---

① 中国网："环境保护与公众参与：中国环保NGO的发展"，http://www.china.com.cn/aboutchina/zhuanti/lsxd/2007-07/27/content_8590545_2.htm.

② 美国新制度经济学家科斯在2008年芝加哥大学主办的《中国经济改革研讨会》上说过的话，原文是"The struggle for China is the struggle for the world"。

第九章

中国引领全球绿色转型

——打造人类命运共同体

2015年2月1日，中国驻古巴使馆经商处收到了一封不寻常的邮件。写信人的父亲原为北京农业大学副教授，1962年—1963年曾作为援外专家被派往古巴实施中国援助古巴养鸭项目，后于1968年不幸过早去世。来信中写道："那时我们兄弟还年幼无知，在父亲生前从未向他问起过鸭场的名称和地址。我们极想看一看家父生前曾经工作过的地方。我们当然也知道，半个世纪过去，鸭场可能早已不复存在或面目全非。但哪怕看一看鸭场的遗址、废墟，甚至水塘原野，也将不虚此行"。资料显示，古巴过去在养鸭方面几乎是空白。1962年聘请中方养鸭专家到古工作，短短两年取得了较大发展，这些鸭绝大部分供应了市场，对解决古巴副食品的困难起到了一定的作用。一段尘封的历史就这样不期然在眼前打开，令人由衷地为援外工作者感到骄傲。

怀着对援外专家的崇敬之情，使馆经商处与古方进行了一系列的沟通与协调工作。终于在3月9日这一天，已年过半百的赵老先生携妻儿站在了53年前老父亲曾经工作和居住过的房屋前。他拿出父亲在古巴的照片，与其古巴同事、邻居分享过去的记忆。面对幼鸭孵化工作室保存完好的建筑，不禁感叹物是人非；站在当年养鸭的水塘前，任粼粼碧波带走万千思绪。或许这只是中国一个普通家庭重温亲情的小故事，但却反映出中国对外援助的"历史厚度和经验广度不亚于任何一种成熟的西方援助"[①]。

[①]［美］黛博拉·布罗蒂加姆：《中国援助与非洲发展：输出绿色革命》，伦敦麦克米伦出版社，1998年，第4页。

一、中国绿色发展的全球贡献

从 2000 年到 2015 年,中国在国际政治经济舞台及全球治理体系中的地位和作用发生了深刻的变化。经济上,中国是世界上最大的发展中国家,并已成为世界第二大经济体、第一大贸易国和最大的外汇储备国。政治上,中国是联合国安理会五大常任理事国之一,二十国集团(G20)①重要成员国,也是金砖国家②成员国;在国际发展治理领域,中国对外援助迅速增加,中国倡导的南南合作援助方式也开始得到国际社会认同。这将推动中国参与全球治理的能力和意愿的持续上升。随着"一带一路"③倡议的持续推进,中国将在国际事务中做出越来越大的贡献。

中国对世界可持续发展最大的贡献,是实现了自身的长足发展。中国基本实现了千年发展目标,贫困人口减少了 4.39 亿,在教育、卫生、妇女等领域取得显著成就。中国发展不仅增进了 13 亿多中国人的福祉,也有力促进了全球发展事业。中国的发展给其他南南合作的国家带来发展的窗口机遇期,最重要的是带来了思路:怎样结合自己的优势来发展经济,实现务实地发展、务实地转型。国合会④在生态文明与南南合作、"一带一路"建设的环境保护战略以及绿色价值链方面都提供了思路。

---

① 20 国集团 G20 由中国、阿根廷、澳大利亚、巴西、加拿大、法国、德国、印度、印度尼西亚、意大利、日本、韩国、墨西哥、俄罗斯、沙特阿拉伯、南非、土耳其、英国、美国以及欧盟等二十方组成。

② 金砖国家(BRICS)指中国、俄罗斯、印度、巴西、南非五个成长前景看好的新兴市场国家。

③ "一带一路"(英文:The Belt and Road,缩写 B&R)是"丝绸之路经济带"和"21 世纪海上丝绸之路"的简称。

④ 中国环境与发展国际合作委员会(国合会)于 1992 年由中国政府批准成立,是一个由中外环发领域高层人士与专家组成的、非营利的国际性高级咨询机构。

中国在联合国全球发展议程中最大的变化，是从最初的受援国，成为一个重要的援助国。作为一个负责任的发展中大国，中国在力所能及的范围内，不断加大对外援助力度，尤其是加大对最不发达国家和其他低收入国家的援助力度。援助方式包括援建成套项目，提供一般物资，开展技术合作和人力资源开发合作，派遣援外医疗队和志愿者，提供紧急人道主义援助，以及减免受援国债务等。2007年，中国在世界银行国际发展协会的会议上宣布，将向世界最贫穷国家提供捐助和贷款。此后，中国不断通过联合国、世界银行、亚洲开发银行等多边机构，向其他发展中国家提供援助资金。对外援助资金包括无偿援助、无息贷款和优惠贷款三种方式。

2010年至2012年，中国对外援助金额为893.4亿元人民币，其中近80%投入到受援国减贫、教育、卫生、体育、文化、交通等民生和基础设施领域。2013年，在没有正式机制向世行授予免息贷款的情况下，中国向世界银行提供了10亿美元的硬贷款，此后，又向世界银行提供了3亿美元的补助，通过这种方法为世界银行的贷款降低成本。建国60多年来[1]，中国共向166个国家和国际组织提供了近4000亿元人民币援助，派遣60多万援助人员，培训了1200多万受援国各类人才。[2] 中国在提供对外援助时，"量力而行，尽力而为"，充分尊重受援国主权和意愿，不干涉受援国内政，不谋求政治特权，真心实意"授之以渔"[3]，提高受援国的自主发展能力。

中国曾向亚洲、非洲、拉丁美洲和加勒比地区、大洋洲的69个国家提供医疗援助，解决了这些国家的燃眉之急。2014年西非埃博拉疫

---

[1] 中华人民共和国成立于1949年10月1日。
[2] 钟声："消除贫困是人类共同使命"，《人民日报》，2015.10.17。
[3] 中国有句古话叫"授人以鱼不如授人以渔"，说的是传授给人以知识，不如传授给人学习知识的方法。道理其实很简单，鱼是目的，钓鱼是手段，一条鱼能解一时之饥，却不能解长久之饥，如果想永远有鱼吃，那就要学会钓鱼的方法。

情爆发，中国政府向几内亚、利比里亚和塞拉利昂等疫区国家提供4批次紧急人道主义援助，其中包括提供防控救治物资、粮食援助、现汇援助，派遣医疗专家提供移动生物试验室等，总价值达7.5亿

中国先后四次向埃博拉疫区提供紧急人道主义援助

元人民币，是全球提供援助批次最多的国家。同时，派出700人次的中国专家和医护人员赴疫区工作，是全球派遣专家和医护人员最多的国家。此外，中国向受援国无偿提供大量药品，包括中国自主创新研发的抗疟中草药青蒿素①和禽流感、甲型流感的疫苗等。中国还向埃塞俄比亚、布隆迪、苏丹等许多非洲国家提供抗疟药品，在疟疾防治以及减轻疟疾给非洲人民带来的伤害方面发挥了重要作用。中国援外医疗队和当地医生密切配合，诊治了大量常见病、多发病，治愈了不少疑难病症，成功地开展了心脏手术、肿瘤摘除、断肢再植等难度较大的技术服务，挽救了许多生命垂危的病人。中国援外医疗队不但利用现代医疗技术，还将针灸、推拿等中国传统医疗技术以及中西医结合的诊疗办法带到非洲。不仅如此，中国援外医疗还参与改善当地的医疗卫生条件，建立和改善医疗设施，培训当地医疗人员，为当地卫生医疗建设做出积极贡献。

为改善东道国人民的福利，中国与私营部门合作，普及新技术、特别是信息和通信技术带来的好处。中国企业积极帮助非洲电信发展，参建多国光缆网。中国公司打破西方电信公司在非洲的垄断地位，降

---

① 华人科学家屠呦呦受中国传统医学知识启发，成功萃取青蒿素，2015年获得诺贝尔生理学或医学奖，是第一位获得诺贝尔奖项的中国本土科学家。

低通信资费，落实非洲电信项目，使非洲民众成为直接受益者，为非洲大陆移动通信事业做出了卓越贡献。截至2013年，仅有6.7%的非洲家庭拥有宽带接入，但他们同样需要快速可靠且普通民众支付得起的宽带接入服务。为此，中国的华为公司利用自身技术有效提升了宽带接入在非洲大陆的普及率，同时也降低了接入成本。越来越多的非洲人民能够接入高速宽带，享受信息社会的高效和便捷。

尼泊尔境内分布着众多海拔6000米以上的高山，山区电力供应困难，冬季部分地区每天停电长达16小时。当地运营商由于普通基站施工难度太大、工期长、建站成本高等问题，无法更好地在当地普及通讯。华为公司在深入了解实际情况后，通过小功率室外基站和太阳能供电的部署，大大降低了站点的建设成本，有效降低了基站对电力的依赖，快速帮助当地实现信号覆盖。截至2013年底，华为公司已经在尼泊尔西部三个偏远山区中西区、西部、远西区开通2G信号，覆盖当地800多万人口。①便捷的通信服务，有效提升了尼泊尔人民的生活质量。

多边舞台上，中国积极支持联合国、世界银行等继续在国际减贫事业中发挥重要作用。去年刚脱离"最不发达国家"行列的萨摩亚十分感念中国的帮助。中国一贯高度重视最不发达国家、内陆发展中国家和重债穷国的特殊需要，先后6次宣布无条件免除重债穷国和最不发达国家对华到期政府无息贷款债务，累计金额约300亿元人民币。中国的对外投资从2000年的2亿美元迅速增长到2015年的1456亿美元。2015年末中国对外直接投资存量的83.9%分布在发展中经济体，支持了这些国家的经济发展。中国作为最不发达国家的第一大出口市场，对其近5000个税目的产品实行零关税，并多次免除最不发达国

---

① 华为投资控股有限公司：《华为2013可持续发展报告》。

家、重债穷国的债务，有力支持了最不发达国家的发展。2015年1月1日，中国政府正式实施给予与中国建交的最不发达国家97%税目产品零关税待遇措施。

中国积极推动南南合作来实现区域的可持续发展。在加强南北合作的同时，将南南合作作为补充。中国在南南合作框架下为小岛国、最不发达国家、非洲国家等应对气候变化提供支持。2012年6月，时任总理温家宝在联合国可持续发展大会上宣布，中国将安排2亿元人民币开展为期3年的国际合作，帮助小岛屿国家、最不发达国家、非洲国家等应对气候变化。

2013年6月，国家主席习近平在出访拉美和加勒比地区国家期间，表示中方将在南南合作框架下继续为小岛屿国家应对气候变化提供力所能及的支持，帮助其提高应对气候变化的能力。2014年9月，中国国务院副总理张高丽作为习近平主席特使，在出席联合国气候峰会时宣布，中国将推动建立气候变化南南合作基金，并提供600万美元资金支持联合国秘书长推动应对气候变化南南合作。习近平总书记在2015年的巴黎会议上又宣布，中国建立一个涉及200亿元人民币的南南合作基金，主要是用于和发展中国家开展合作。

自2011年以来，中国累计投入2.7亿元人民币用于开展应对气候变化南南合作，向很多发展中国家提供了资金、技术和设备支持，并且已经和12个国家签署了应对气候变化物资赠送的谅解备忘录。中国向埃塞俄比亚、卡塔尔、利比亚等国家赠送节能灯100多万盏、节能空调2万多台、太阳能路灯4500余套、家用太阳能发电设备6000余套。中国还举办了39期应对气候变化领域南南合作培训班，共培训了来自119国家共计1193名官员或技术人员。前联合国秘书长潘基文2015年9月26日在中国和联合国共同举办的南南合作圆桌会上说，中国使数亿人脱离极端贫困，在推动南南合作方面也发挥着领导作用，金砖国家新开发银行、亚洲基础设施投资银行、"一带一路"倡议、丝路基金和中国气候变化南南合作基金都是显著例子。联合国各国议会联盟（议联）主席萨比尔·乔杜里说，"中国一直在支持发展中国家，支持最不发达国家。当中国为某个非洲国家或亚洲国家提供支持时，是真心希望这个国家发展起来。中国在全球发展议程中的作用将非常重要。"

中国在当今全球减贫事业中扮演重要角色。中国是第一个实现联合国千年发展目标、使贫困人口比例减半的国家，为全球减贫事业做出了巨大贡献。在全世界实现千年发展目标时期，在国际极端贫困线和中国贫困线都在逐年上升的情况下，中国的贫困人口从1990年的6.89亿下降到了2011年的2.5亿，中国为世界贡献了76%的脱贫人口。中国不但成功大幅削减了本国贫困人口数量，还用自身经验帮助其他发展中国家实现减贫目标。中国同许多发展中国家签署减贫合作谅解备忘录，建立合作减贫中心，共同推动减贫工作。中国政府也积极参与全球减贫合作。2007年开始，中国政府和联合国驻华系统在每年10月17日"国际消除贫困日"联合举办"减贫与发展高层论坛"，开展国际、区域及双边减贫交流与合作。中国与亚非拉等十几个发展中国家签订了减贫合作协议，加强减贫经验与知识共享。2011年，中国科技部与比尔及梅琳达·盖茨基金会[①]在非洲地区开展减贫合作，帮助当地解决贫困问题。在双方策划下，推动了绿色超级稻新品种、动物疫苗、苔麸小型项目在非洲的落地。2014年，中国政府提出了"东亚减贫合作倡议"，与非洲联盟共同发表了《中非减贫合作纲要》，并在中拉合作论坛框架下积极推动中拉减贫交流合作。

---

① 比尔和梅琳达·盖茨基金会是由比尔·盖茨与梅琳达·盖茨夫妇资助的、全球最大的慈善基金会。该基金会以美国华盛顿州西雅图市为基地，于2000年1月，通过盖茨学习基金会和威廉·盖茨基金会的合并而创立。

中国也为全球生态环境可持续发展做出了重要贡献。上世纪90年代中国开始实施生态建设工程，森林覆盖率由2000年的16.55%上升到2015年的21.63%。中国利用完整的产品制造体系和政策调控手段，迅速降低了光伏产品、风电产品、高速铁路系统中利用清洁能源的成本，实现绿色交通的全覆盖，为世界去碳化进程交了一份令世界满意的答卷。中国也与全球环境基金（GEF）开展了全方位的合作。截止到2014年，GEF向141个中国项目提供了约10.62亿美元的赠款支持。此外，中国还参与了GEF的41个区域和全球项目。

中国在气候变化领域承担着一个负责任大国的义务。气候变化是典型的全球性议题，在国际议程中地位突出。过去10年来，作为最大的发展中国家，中国成为全球第二大经济体和温室气体排放大国，在气候变化领域的国际地位日益独特。随着中国综合实力不断增强、生态文明建设持续推进，中国在气候治理领域的国际话语权和影响力持续上升，逐步迈向世界舞台中央，成为全球气候治理不可或缺的重要参与方。2015年12月12日，联合国气候变化巴黎大会成功通过《巴黎协定》，表明国际合作应对全球性挑战不仅必要，而且可行。作为最大的发展中国家，中国采取切实行动应对气候变化，积极、建设性参与全球气候治理，提出中国方案，贡献中国智慧，展现了负责任、有担当的大国风范。联合国环境规划署执行主任埃里克·索尔海姆表示，感谢中国在推动《巴黎协定》过程中所起的积极作用，以及在全球环境治理中发挥的领导性作用。

中国也是连接南北合作的中坚力量。自2013年加州"庄园会晤"[1]以来，中国国家主席习近平和美国前任总统奥巴马已经举行了十次

---

[1] 国家主席习近平于2013年6月7日至8日在美国加利福尼亚州安纳伯格庄园同奥巴马总统举行会晤，被描述为"不戴领带"的密切沟通。从美国对外交往的传统上看，所谓"庄园外交"始终被视为是顶级选项之一。

"习奥会",中美元首如此频繁的会面实属罕见。中美新型大国关系的构建,不仅关系到中美两国的发展方向,更关系南北合作的走向,是国际关系的风向标。

2016年9月5日,二十国集团(G20)领导人第十一次峰会,在中国杭州圆满落幕。杭州峰会共达成创纪录的29项协议,具有里程碑意义。杭州峰会的举行恰逢世界经济增长和二十国集团转型的关键节点,其重大意义在于为世界经济指明了新方向。峰会制定了一系列以科技创新为核心的具体行动计划,从根本上探寻世界经济持续增长之道。两份具有历史意义的文件在此次峰会问世,一份是《二十国集团全球贸易增长战略》,另一份是《二十国集团全球投资指导原则》,后者是世界首个多边投资规则框架,填补了全球投资治理领域的空白。作为主席国的中国不仅将包容和联动式发展列为峰会四大重点议题之一,而且推动G20杭州峰会在发展领域实现了三个"第一次",即第一次把发展问题置于全球宏观政策框架的突出位置,第一次就落实联合国2030年可持续发展议程制定《G20落实可持续发展议程行动计划》,第一次集体支持非洲和最不发达国家工业化,制定《G20支持非洲和最不发达国家工业化倡议》。这些致力于推动全球包容和联动式发展的举措,是中国对联合国可持续发展议程做出的重大贡献。杭州峰会以实际行动传递出,"我们的目标是让增长和发展惠及所有国家和人民,让各国人民特别是发展中国家人民的日子都一天天好起来"。

中国未来参与全球治理的重要形式是"一带一路"倡议。中国与国际社会密切合作,共同维护多边贸易体制和金融体制,完善全球经济治理。2010年以来,中国先后发起或共同发起成立了金砖国家开发银行和丝路基金、倡议筹建亚洲基础设施投资银行,以弥补现有国际金融体制的不足。2013年9月和10月,中国国家主席习近平在出访中亚和东南亚国家期间,先后提出共建"丝绸之路经济带"和"21世纪海上丝绸之路"的重大倡议。4年来，全球100多个国家和国际组织积极支持和参与"一带一路"建设，联合国大会、联合国安理会等重要决议也纳入"一带一路"建设内容。"一带一路"建设逐渐从理念转化为行动，从愿景转变为现实，建设成果丰硕。在此过程中，政策沟通不断深化、设施联通不断加强、贸易畅通不断提升、资金融通不断扩大、民心相通不断促进。中国呼吁各参与国，要把"一带一路"建设成和平之路、繁荣之路、开放之路、创新之路和文明之路。"一带一路"建设植根于丝绸之路的历史土壤，重点面向亚欧非大陆，同时向所有朋友开放。不论来自亚洲、欧洲，还是非洲、美洲，都是"一带一路"建设国际合作的伙伴。"一带一路"建设将由大家共同商量，"一带一路"建设成果将由大家共同分享。①联合国开发计划署署长克拉克指出，中国在推动筹建亚洲基础设施投资银行、金砖国家新开发银行以及"一带一路"建设等方面所做出的努力，都可以作为推动国际社会实现可持续发展目标的工具。

二、中国参与全球绿色治理的历程及理念

中国在世界可持续发展中的角色转变，可以从几次里程碑会议中的地位表现出来。1972年在瑞典斯德哥尔摩召开的人类环境会议，是中国自1971年重返联合国之后参加的第一次具有全球意义的会议，为中国国内的环境保护开阔了视野。虽然当时中国代表团为修改《人类环境宣言》做出了贡献，但当时参加这次会议主要是"取经"。会议后不久，1973年8月国务院召开第一次全国环境保护会议，提出了"全

---

① 习近平："在'一带一路'国际合作高峰论坛开幕式上的讲话"，《携手推进"一带一路"建设》，2017年5月14日。

面规划、合理布局，综合利用、化害为利，依靠群众，大家动手，保护环境，造福人民"的32字环保工作方针。

1992年在巴西里约热内卢召开的地球首脑会议，中国政府签署了《联合国气候变化框架公约》和《生物多样性公约》。此次会议提出世界环境问题主要是发达国家不可持续的发展造成的，特别是气候变暖，更是发达国家长期排放温室气体造成的，这种排放量占到80%以上。据此，确定了著名的"共同但有区别的责任"原则，中国与其他发展中国家一起，共同坚定支持"共区原则"[①]。里约环境发展大会结束两个月之后，国务院发布《中国关于环境与发展问题的十大对策》，把实施可持续发展确立为国家战略。

2002年在南非约翰内斯堡召开的世界可持续发展首脑会议，中国政府重申了"共同但有区别责任"的原则，反映出以中国为代表的发展中国家的呼声得到进一步肯定。中国政府宣布核准《京都议定书》，为推进全球气候治理进程做出了自己的贡献。联合国2015年后发展议程提出的行动方案，超越了工业文明模式下可持续发展的"经济—社会—环境"三大支柱格局，构建了人与自然和谐的5P愿景：以人为本（People）、尊重自然（Planet）、经济繁荣（Prosperity）、社会和谐（Peace）、合作共赢（Partnership）。其中，中国生态文明建设的理论和实践对此做出了贡献。发达国家全面主导全球治理话语权的态势得到遏制，发展中国家努力增强自身对发展问题的话语权。

习近平主席多次指出，全球治理体制变革离不开理念的引领。要推动全球治理理念创新发展，就有必要发掘中华文化中积极的处世之道与治理理念同当今时代的共鸣点。2015年11月30日，习近平主席

---

① 即"共同但有区别的责任"：由于地球生态系统的整体性和导致全球气候退化的各种不同因素，在保护和改善全球环境方面，发达国家和发展中国家负有共同的责任，但责任的大小、承担的方式等方面有所区别，由于历史排放原因，发达国家应比发展中国家承担更主要的责任。

出席气候变化巴黎大会开幕活动,发表题为《携手构建合作共赢、公平合理的气候变化治理机制》的重要讲话,明确提出"各尽所能、合作共赢"、"奉行法治、公平正义"、"包容互鉴、共同发展"的全球治理理念,同时倡导"和而不同"①,允许各国寻找最适合本国国情的应对之策。这些主张蕴含中华文化智慧,同广大发展中国家的诉求与呼声形成共鸣。

合作共赢是中国参与全球事务的基本出发点。中国文化的精髓强调"和合","和而不同"体现了中国文化的大智慧,即追求合作、融合、和谐、和平。在传统文化的基础上,中国提出构建以合作共赢为核心的新型国际关系。中国主张参与各方通力合作,同舟共济,共商应对,为维护全人类的共同利益而努力。

"包容互鉴"是中国处理伙伴关系的行为方式。孟子说,"物之不齐,物之情也"②。比如,各国在气候变化问题上的国情和能力都不同,很难用一个统一标准去规范。再者,鉴于发展阶段不同,即便是相同的规则对不同的国家也意味着不同的要求。因此,中国主张各国间加强对话,尊重各自关切,允许各国寻找最适合本国国情的应对之策。《巴黎协定》最终确立的以"国家自主贡献"为主体、"自下而上"的减排机制,正是这种包容精神的体现。

公平正义是中国处理国际关系时秉持的原则。"公平正义"一向是中国传统文化所追求的理想准则。孔子说,"不患寡而患不均"③。《淮南子》中说,"公正无私,一言而万民齐"④。就气候变化问题而言,发达国

---

① "和而不同"含义是君子在人际交往中能够与他人保持一种和谐友善的关系,但在对具体问题的看法上却不必苟同于对方。
② "物之不齐,物之情也"含义是物品千差万别,这是客观情形,自然规律。
③ "不患寡而患不均"含义是不担心分的少,而担心分的不均匀。
④ "公正无私,一言而万民齐"含义是执政者如果公正无私,发一句话万民都会一致赞成,万众一心,团结奋斗。

家和发展中国家的历史责任、发展阶段和应对能力不同，中国坚持共同但有区别的责任原则，强调发达国家应兑现承诺，履行自己的义务，向发展中国家提供资金和技术支持，保障发展中国家的正当权益，维护全球气候治理中的公平正义。中国认为，出于不同的历史责任和经济水平，发达国家和发展中国家应制定各自的可持续发展目标，发达国家应该在实现自身可持续发展的过程中承担更多的责任和义务。中国认为"共同但有区别的责任"原则是世界各国开展国际合作的基石，遵循该原则，国际社会才有可能建构新型的全球可持续发展伙伴关系。

绿色发展是围绕中国提出的"人类命运共同体"理念而展开的。在当今这个仍受恐怖主义、公共安全、气候变化、自然灾害、局部战争不断威胁的世界，人类必须共担风险与挑战。"人类命运共同体"的提出，是中国领导人基于对历史和现实的深入思考，也是对全人类的郑重承诺。中国从对国际事务的积极参与，到提出"一带一路"倡议，再到积极筹备亚洲基础设施投资银行，中国正在走一条"授之以鱼亦授之以渔"的道路。

三、中国助力全球绿色发展的行动

中国助力全球绿色治理，首先在于积极做好自己。从国内看，经过改革开放40年的探索，中国走出了一条中国特色发展道路，基本实现千年发展目标，使13亿多中国人的福祉大幅增加。中国政府批准发布落实2030年可持续发展议程的"国别方案"，决心在2020年实现中国标准下[①]贫困人口的全部脱贫，到2030年进一步完善卫生、教育、

[①] 2016年中国国家扶贫标准线为农村人均纯收入3000元人民币/年。

住房等领域的保障。

在解决好国内绿色发展问题的同时，中国也一直为全球可持续发展贡献自身力量。 从国际看，新中国成立60多年来，中国积极参与国际发展合作，共向166个国家和国际组织提供了近4000亿元人民币援助，派遣60多万援助人员，为发展中国家实现千年发展目标做出了重要贡献。中国环境保护部2017年5月发布了《"一带一路"生态环境保护合作规划》（以下简称《规划》）。《规划》指出，在生态环保合作领域，中国积极与沿线国家深化多双边对话、交流与合作，强化生态环境信息支撑服务，推动环境标准、技术和产业合作，取得积极进展和良好成效。《规划》提出，要充分利用现有多双边合作机制，深化生态文明和绿色发展理念、法律法规、政策、标准、技术等领域的对话和交流，推动共同制定实施双边、多边、次区域和区域生态环保战略与行动计划，推动将生态环保作为"一带一路"沿线国家绿色转型新引擎。《规划》强调，要积极构建生态环保合作平台。一是加强生态环保合作机制和平台建设。开展政府间高层对话，充分利用中国—东盟、上海合作组织、澜沧江—湄公河、欧亚经济论坛、中非合作论坛、中阿合作论坛、亚信等合作机制，强化区域生态环保交流，扩大与相关国际组织和机构的合作，倡议成立"一带一路"绿色发展国际联盟，建设政府、企业、智库、社会组织和公众共同参与的多元合作平台。

就双边的绿色治理而言，中国在国家规划中首次明确提出对国际援助的承诺。 在制定十三五规划的过程中，中国提出将完善对外援助方式、扩大对外援助规模，为发展中国家提供更多免费的人力资源、发展规划、经济政策等咨询培训，扩大科技教育、医疗卫生、防灾减灾、环境治理、野生动植物保护、减贫等领域的对外合作和援助，加大人道主义援助。

2015年12月，习近平主席在中非合作论坛—约翰内斯堡峰会上提出中非合作的"十大合作计划",其中工业化、农业现代化、基础设施建设、公共卫生、和平与安全等都非常契合非洲的发展需要。为推动"十大合作计划"的落实,中国还承诺了600亿美元的资金支持——其中包括50亿美元的无偿援助和无息贷款,200个"幸福生活工程"和以妇女儿童为主要受益者的减贫项目等。所有这些,都能有效帮助非洲国家推进落实2030年议程目标。这次峰会也使中非合作领域的广度和深度得到极大拓展,体现了中国帮助非洲国家实现自主、可持续发展的诚意。坦桑尼亚总统尼雷尔就曾经说过:"无论是在中国给予我国的巨大的经济和技术援助中,还是我们在国际会议的交往中,中国从来没有一丝一毫要左右我们的政策或损害我们国家主权和尊严的企图。"①

从多边层面而言,中国为国际多边进程提供推动力,集中体现在全球气候治理领域。中国充分发挥大国影响力,为推动如期达成《巴黎协定》发挥关键作用。近两年,中国先后同英国、美国、印度、巴西、欧盟、法国等发表气候变化联合声明,就加强气候变化合作、推进多边进程达成一系列共识,尤其是中美、中法气候变化联合声明中的有关共识,在《巴黎协定》谈判最后阶段成为各方寻求妥协的基础。巴黎大会期间,中国代表团以负责任和建设性姿态,全方位参与各项议题谈判,密集开展穿梭外交,支持配合东道国法国和联合国方面做好相关工作。一方面,中国继续通过"基础四国"②、"立场相近发展中国家"③、"77国集团"④加中国"等谈判集团,在发展中国家中发挥建设

---

① 《坦桑尼亚总统尼雷尔在李先念主席举行的宴会上的讲话》,《人民日报》,1985年8月20日;转引自周弘:《中国对外援助与改革开放30年》,《世界经济与政治》,2008年第11期。
② "基础四国"(BASIC)具体是指:巴西、南非、印度、中国四国。其称呼来源于各国英文的首字母缩写。
③ "立场相近发展中国家"是指在气候变化谈判中持相近立场的发展中国家,坚持共同但有区别责任原则,在维护发展中国家共同利益和团结方面发挥了重要作用。
④ 77国集团是发展中国家在反对超级大国的控制、剥削、掠夺的斗争中,逐渐形成和发展起来的一个国际集团。

性引领作用，维护发展中国家的团结和共同利益。另一方面，中国与美国、欧盟等发达国家保持密切沟通，寻求共识。中国提出的方案往往代表了各方利益的"最大公约数"，是切实可行的中间立场。在巴黎大会结束后，美国时任总统奥巴马和法国时任总统奥朗德分别给习近平主席打电话，感谢中方为推动巴黎大会取得成功发挥的重要作用，强调如果没有中方的支持和参与，《巴黎协定》不可能达成。

中国大力推进南南合作，也是中国参与多边绿色治理的一个重要方面。针对不少发展中国家经济和基础设施落后、易受气候变化不利影响威胁且应对能力薄弱的问题，多年来，中国通过开展气候变化南南合作为非洲国家、小岛屿国家和最不发达国家提高应对气候变化能力，提供了积极有效的支持。自 2011 年以来，中国先后投入 4.1 亿元人民币帮助马拉维、安哥拉、刚果（金）、马里、毛里塔尼亚、赤道几内亚等数十个国家改善应对气候变化基础设施、加强应对气候变化能力建设。2015 年 9 月，习近平主席宣布中国将设立中国气候变化南南合作基金。巴黎大会上，中国承诺 2016 年在发展中国家启动开展 10 个低碳示范区、100 个减缓和适应气候变化项目及 1000 个应对气候变化培训名额的合作项目。中国在气候变化领域的南南合作政策和措施，体现了中国始终同广大发展中国家站在一起的外交理念，表明了中国坚持合作共赢、共同发展的国际关系主张。

中国积极采取行动参与 2030 年议程的可持续发展目标制定。在 2030 年议程的制定过程中，中国经历了从最初的相对被动应付到积极参与，再到后期的务实推动过程。自 2030 年议程制定进程启动以来，中国就积极参与和配合联合国的讨论和磋商，广泛听取国内各方意见，为议程制定提出了很多有益的意见。在联合国开发计划署的支持下，2012 年 11 月、12 月和 2013 年 3 月，中国联合国协会分别在北京、昆明和北京举办了三次国家层面的非正式磋商，以广泛听取各阶层对

2015年后议程的意见，其中75%以上的与会者来自社会团体。会议集中关注6个主要领域，即减贫和包容性增长、环境保护和绿色发展政策、全球健康、女性和儿童、教育以及国际合作。2013年9月22日，中国外交部发布了《2015年后发展议程中方立场文件》，阐述了中国对2015年后发展议程的基本指导原则、重点领域和优先方向、实施机制等的立场和看法。2015年5月13日，中国政府再次发布立场文件，除了重申2013年基本立场之外，还特别突出了全球发展伙伴关系构建、发展融资、全球经济治理以及后续的实施和监管等要素。两份立场文件的公布，清晰地向全世界表明了中国的期待和建议，说明中国已经充分意识到自身实力及国际地位提升的客观事实，并尝试在国际发展治理中发出更多的中国声音。

  从区域层面而言，中国参与全球绿色治理的进程将通过"一带一路"倡议展开。"一带一路"将充分依靠中国与有关国家既有的双多边机制，借助已有的区域合作平台。中国多年来在环境治理中所得到的经验能够让许多国家获益。比如，过去中国的环境法规所规定的经济处罚上限远低于企业采取控排措施的成本，因此企业倾向于支付小额罚款然后继续超标排放，造成更多的污染。2016年1月1日生效的中国新环保法正是吸取了上述经验教训。这种经历和基于现实经历的系统性思维，对于"一带一路"沿线国家避免不必要的环境代价非常有价值。

  再比如，中国对亚太经合组织[①]推动绿色供应链也发挥了积极作用。"绿色供应链"是一种市场手段，主要是利用采购方的采购力量来"逼迫"供应商改善环境绩效。如果所有走出去的中国企业坚持推进绿

[①] 即亚洲太平洋经济合作组织，简称亚太经合组织（APEC），是亚太地区最具影响的经济合作官方论坛。

色供应链,则会转化为各国实现绿色转型的引擎。"一带一路"战略主张充分尊重沿线各国的历史和现实,坚持"共商、共建、共享"原则,努力将"绿色"真正转化为各国共同的福祉,而非少数国家的私利。"一带一路"是绿色之路,它维护沿线国家的生态利益,有利于增强发展中国家在环境保护和应对气候变化等重大国际问题上的整体谈判能力,进而推动形成更加公正合理的全球治理体系。

第十章

"绿水青山就是金山银山"

——重新审视自然的价值

42岁的许福（Xu Fu 音译）原来是中国东北的一名伐木工人，他所工作的林场位于吉林省延边朝鲜族自治州敦化市的牡丹江流域。十年前，他放弃了伐木工作，成为了当地的一个养蜂人，他原来所在的林场已经成为黄泥河保护区的一部分。正如许福所说，相比之前的伐木，"现在的工作更好，更稳定。"黄泥河曾经是东北虎的栖息地，但是由于非法盗猎、森林采伐和人类经济发展的多重威胁，在2002年后东北虎在这一地区的踪迹彻底消失了。直到在2014年，科学家才在这个地区重新发现了东北虎的踪影。

《科学》杂志发现，中国目前正在"不动声色地"建立首个国家公园体系，而许福所在的地区正在成为中国首个保护东北虎豹的国家公园。报道称，与东北虎有关的国家公园面积将达到约15000平方公里，比美国的黄石公园还要大60%。这无疑是一个极大的喜讯。这意味着目前主要生活在中俄边境的东北虎以及东北豹将获得更大的生存空间，并且很有可能大量回到中国境内。而且，在这个虎豹国家公园中，规划人员希望其中30000名林业职工，包括采伐工人、潜在的猎人，能够转变成国家公园的保护工人和巡护人员。[1] 未来将有越来越多像许福这样的伐木工人可以转变成为养蜂人，甚至成为保护生态的国家公园的工作人员。而为了建立这一国家公园，中国政府已经禁止发生在吉林省和黑龙江省的伐木活动，取消了一条会影响东北虎豹栖息

---

[1] ［美］凯瑟琳·麦克劳林：《一座新公园能拯救中国老虎吗？》，2016年8月17日。

地的高速公路修建计划，并对一条连接中国和俄罗斯符拉迪沃斯托克的高速铁路重新进行了路线规划。2016年5月，中国国家主席习近平来到黑龙江省伊春市考察调研时提出："守着绿水青山一定能收获金山银山"。

目前，国家发改委已选定9省市开展国家公园体制的试点。在中国抓紧筹建的国家公园体系中，4种著名的动物有望在首批国家公园中得到重点关注，它们分别是：藏羚羊、大熊猫、亚洲象和东北虎。2016年8月美国《科学》的文章认为，这将改变中国目前存在形形色色的自然保护模式。截至2016年12月，东北虎豹、大熊猫、三江源等3个试点方案已经中央深改组会议审议通过。另外6个试点方案也已经由国家发改委批准后启动实施。

这无疑是中国在走向绿色发展的一个巨大转折，自然生态在国家政策目标中被提到了非常高的地位。为什么会发生这样的转变？这不仅是因为中国正在变得更加富有，也是因为中国正在发生一场观念的大变革。在这背后体现的，是中国在2012年十八大以来，在价值观念层面把保护生态环境纳入到国家的发展目标当中来，而不再只是单纯追求经济增长和物质繁荣。我们只有先理解这种价值观念的重大变革，才能理解中国正在经历的这种绿色大转型。

一、自然资源保护被纳入中国发展的重要战略目标

在 2015 年 9 月第七十届联合国大会一般性辩论时的讲话中，习近平主席的发言引人瞩目。他说："我们要构筑尊崇自然、绿色发展的生态体系。人类可以利用自然、改造自然，但归根结底是自然的一部分，必须呵护自然，不能凌驾于自然之上。我们要解决好工业文明带来的矛盾，以人与自然和谐相处为目标，实现世界的可持续发展和人的全面发展。"①

在开发和利用自然的问题上，中国人自古以来饱受自然灾难，致力于与自然斗争。这种斗争是一种适应自然的方式，本身并不必然破坏自然，但是人与自然之间往往存在尖锐的矛盾，并且随着人类社会的规模和生产力提高而打破人与自然的平衡。由于人口的迅速增长，大量森林、草原和湿地被开垦为耕地，用以解决人们的吃饭问题而逐渐消失，从而不断蚕食野生动物的栖息地。英国历史学家伊懋可教授（Mark Elvin）用"大象的退却"作为书名来形象地概括中国在传统农业社会的 4000 年里的环境变迁历史。②即使是在农业文明的时代，中国也已经出现过严重的生态危机。特别是在 18 和 19 世纪，受气候变化、人口增长和经济商业化的影响，在中国的岭南地区森林砍伐速度加剧，导致了以华南虎为代表的物种不断消失。③美国历史学家彭慕

---

① 习近平：《携手构建合作共赢新伙伴 同心打造人类命运共同体——在第七十届联合国大会一般性辩论时的讲话》，纽约：联合国总部，2015 年 9 月 28 日。http://www.fmprc.gov.cn/web/ziliao_674904/zyjh_674906/t1301660.shtml.

② [美] 伊懋可：《大象的撤退：一部中国的环境史》，纽黑文和伦敦：耶鲁大学出版社，2004 年。

③ [美] 马立博：《虎、米、丝、泥：帝制晚期华南的环境与经济》，英国剑桥：剑桥大学出版社，1998 年。

兰（Kenneth Pomeranz）甚至认为，在19世纪出现的严重生态约束已经成为当时中国经济发展的严重瓶颈。相比之下，当时面临类似问题的西欧，因为开采地下的化石能源和从海外进口原材料实现了生态缓解，成功进行了工业革命，从而在世界的东西方之间形成了所谓的"大分流"（Great Divergence）。①1949年以后，中国全面开始了工业化进程，特别是70年代末的改革开放，加快了中国融入世界经济的进程，在这个过程中工业文明对中国的生态恶化产生了巨大的影响。在工业文明的视野下，大自然很大程度上只被看作是工业生产的投入来源和废弃物的收纳场。尽管环境保护从20世纪80年代已经作为基本国策，但是长期以来因为单纯把经济增长作为发展目标，中国的生态环境一直陷入"破坏—治理—再破坏—再治理"的恶性循环。②

进入21世纪以来，随着科学发展观成为指导中国发展的重要指南，重新调整经济发展与自然环境保护的关系，开始成为中国政策发展的突出议题。在2007年11月召开的中共中央第十七次全国代表大会上，中国共产党第一次明确提出了建设生态文明的目标。在2012年的中共十八大报告中，再次提出要大力推进生态文明建设，要求必须树立尊重自然、顺应自然、保护自然的生态文明理念，把生态文明建设放在突出地位，并将其融入经济建设、政治建设、文化建设、社会建设各方面和全过程。③2015年召开的十八大五中全会上，"绿色发展"成为指导中国发展的新五大发展理念之一。

对于自然资源的价值与物质经济增长的关系，习近平主席使用了"绿水青山"和"金山银山"来作比喻，认为二者都是国家发展的目

---

① [美]彭慕兰：《大分流：中国、欧洲与现代世界经济的形成》，普林斯顿大学出版社，2000年。
② [美]易明：《一江黑水：中国未来的环境挑战》，纽约：康奈尔大学出版社，2004年。
③ 胡锦涛：《坚定不移沿着中国特色社会主义道路前进 为全面建成小康社会而奋斗——在中国共产党第十八次全国代表大会上的报告》，2012年11月8日。

标,可以努力实现协同发展。①2006年在浙江工作期间习近平就提出类似观点②。他认为,中国人在实践中对这"两座山"之间关系的认识经过了三个阶段:第一个阶段是用绿水青山去换金山银山,不考虑或者很少考虑环境的承载能力,一味索取资源。第二个阶段是既要金山银山,但是也要保住绿水青山,这时候经济发展和资源匮乏、环境恶化之间的矛盾开始凸显出来,人们意识到环境是我们生存发展的根本,要留得青山在,才能有柴烧。第三个阶段是认识到绿水青山可以源源不断地带来金山银山,绿水青山本身就是金山银山,我们种的常青树就是摇钱树,生态优势变成经济优势,形成了一种浑然一体、和谐统一的关系,这一阶段是一种更高的境界,体现了科学发展观的要求,体现了发展循环经济、建设资源节约型和环境友好型社会的理念。

以上这三个阶段,是经济增长方式转变的过程,是发展观念不断进步的过程,也是人和自然关系不断调整、趋向和谐的过程。③

转变旧的发展观念,把保护"绿水青山"放到更为重要的位置上来追求,对于中国的绿色发展至关重要。2014年3月习近平在与贵州人大代表开会时指出:绿水青山和金山银山绝不是对立的,关键在人,关键在思路。保护生态环境就是保护生产力,改善生态环境就是发展生产力。④2013年4月在海南考察时,习近平还把自然环境比喻为"绿色银行"。他说:希望海南处理好发展和保护的关系,着力在"增绿"、"护蓝"上下功夫,为全国生态文明建设当个表率,为子孙后代留下可持续发展的"绿色银行"。⑤

相反,单纯追求经济增长而不顾自然环境的做法和导向则得到了

---

① 习近平:《弘扬人民友谊 共创美好未来:在纳扎尔巴耶夫大学的演讲》,《人民日报》,2013年9月8日。http://politics.people.com.cn/n/2013/0908/c1001-22842914.html.
② 习近平:《之江新语》,《浙江日报》,2006年3月23日。
③ 《为了中华民族永续发展》,《人民日报》,2015年3月10日。
④ 《绿水青山和金山银山决不对立》,《贵州都市报》2014年3月8日。
⑤ 习近平:《在海南考察工作结束时的讲话》,2013年4月10日。

严厉的批评。在 2013 年 9 月参加河北省委民主生活会①时，习近平说：要给你们去掉紧箍咒，生产总值即便滑到第七、第八位了，但在绿色发展方面搞上去了，在治理大气污染、解决雾霾方面做出贡献了，那就可以挂红花、当英雄。反过来，如果就是简单为了生产总值，但生态环境问题越演越烈，或者说面貌依旧，即便搞上去了，那也是另一种评价了。②

中国领导人开始以系统的生态观念来理解绿色发展对于国家的重要意义。在 2013 年 11 月的十八届三中全会③上，习近平阐述了他的生态理念："我们要认识到，山水林田湖是一个生命共同体，人的命脉在田，田的命脉在水，水的命脉在山，山的命脉在土，土的命脉在树。"④这种理念把生态系统当作一个系统，尊重生态系统整体的价值。2016 年 3 月 10 日，习近平在参加青海代表团审议时再次强调：一定要生态保护优先，扎扎实实推进生态环境保护，像保护眼睛一样保护生态环境，像对待生命一样对待生态环境，推动形成绿色发展方式和生活方式，保护好三江源，保护好"中华水塔"，确保"一江清水向东流"。⑤

2017 年 10 月，中共十九大报告首次归纳总结了十四条新时代坚持和发展中国特色社会主义的基本方略。其中的第九条就是"坚持人与自然和谐共生"。关于这一理念，报告提出："建设生态文明是中华民族永续发展的千年大计。必须树立和践行绿水青山就是金山银山的理念，坚持节约资源和保护环境的基本国策，像对待生命一样对待生态环境，

---

① "民主生活会"是中国共产党各级党组织召集党员召开的旨在开展批评与自我批评的组织活动制度。
② 《习近平的生态观：蓝天不能靠东风，关键就在"两座山"》，人民网，2015 年 3 月 6 日。http://news.xinhuanet.com/politics/2015-03/06/c_127552836.htm.
③ 即中国共产党第十八届中央委员会第三次全体会议，简称"十八届三中全会"。
④ 习近平：关于《中共中央关于全面深化改革若干重大问题的决定》的说明，2013 年 11 月。
⑤ 习近平：在参加十二届全国人大四次会议青海代表团审议时的讲话，《人民日报》，2016 年 3 月 11 日。

统筹山水林田湖草系统治理，实行最严格的生态环境保护制度，形成绿色发展方式和生活方式，坚定走生产发展、生活富裕、生态良好的文明发展道路，建设美丽中国，为人民创造良好生产生活环境，为全球生态安全作出贡献。"

十九大报告在第九部分设立专题"加快生态文明体制改革，建设美丽中国"，提出了建设生态文明的基本方向。其中再次阐释了新时期中国共产党对生态价值的认识，特别是提出了对现代化的新认识。"人与自然是生命共同体，人类必须尊重自然、顺应自然、保护自然。人类只有遵循自然规律才能有效防止在开发利用自然上走弯路，人类对大自然的伤害最终会伤及人类自身，这是无法抗拒的规律。""我们要建设的现代化是人与自然和谐共生的现代化，既要创造更多物质财富和精神财富以满足人民日益增长的美好生活需要，也要提供更多优质生态产品以满足人民日益增长的优美生态环境需要。"

三江源是长江、黄河和澜沧江的源头，位于被称为"亚洲水塔"的喜马拉雅——青藏高原地区

另外，作为习近平新时代中国特色社会主义思想的一个重要组成部分，新的理念也被首次写入了新修订的中国共产党章程。其中强调

"中国共产党领导人民建设社会主义生态文明",要"树立尊重自然、顺应自然、保护自然的生态文明理念,增强绿水青山就是金山银山的意识,坚持节约资源和保护环境的基本国策,坚持节约优先、保护优先、自然恢复为主的方针,坚持生产发展、生活富裕、生态良好的文明发展道路。"

二、自然资本也是国家财富的重要组成部分

中国所经历的这场价值理念的转变,其实引领了当前全球在可持续发展方面的进步潮流。"包容性财富指数"(Inclusive Wealth Index)是一种衡量经济发展和国家财富的新指标,最早是联合国在2012年6月召开于巴西里约热内卢的可持续发展大会上发布的。在1990至2008年间,各国包容性财富指数增长变化排名中,中国名列第一。但是,在这三项指标中,尽管中国在生产资本(Produced Capital)和人力资本(Human Capital)方面都有极大的增长,在这18年间的自然资本(Natural Capital)的增长却为负数[1]。

1990年—2010年中国的包容性财富及GDP变化情况的对比[2]
(单位:美元,基于2005年的价格指数)

项 目	1990—1995年	1995—2000年	2000—2005年	2005—2010年
人均国内生产总值(GDP)	317	349	616	1,149
人均包容性财富	753	1,174	1,835	3,856
生产资本	626	1,128	1,921	3,704
自然资本	-450	-473	-453	-368
人力资本	577	518	366	521

---

[1] 联合国大学国际全球环境变化人文因素计划和联合国环境署:《2012年包容性财富报告:测量通向可持续性的进步》,剑桥:剑桥大学出版社,2012年。
[2] 资料来源:联合国大学国际全球环境变化人文因素计划和联合国环境署:《2014年包容性财富报告》,剑桥:剑桥大学出版社,2014年,第219—319页。

第十章 "绿水青山就是金山银山"

相比于通常用于衡量经济产出的（GDP），包容性财富指数被很多经济学家认为是一个能够更好衡量经济社会发展的指标。美国经济学家、诺贝尔经济学奖得主肯尼斯·阿罗（Kenneth J. Arrow）最早提出了包容性财富指数的基本思想。他与包括剑桥大学经济学教授帕撒·达斯古普塔（Partha Dasgupta）在内的多位著名经济学家和生态学家经过多年研究，最终于2004年发表了他们的研究成果。自然资本是指自然资源，如土地、矿产、水、森林、生态系统服务等。达斯古普塔认为，引入包容性财富指数的目的，是为了描述经济的可持续发展状况[①]。

一直以来，人类社会的工业化进程大部分都是资本主义的发展模式，把生产资本的增值机制作为发展的主要动力。由于这种对资本和经济发展的狭隘视野，自然环境的价值没有得到足够的重视。中国作为一个后发展的社会主义国家，在新中国成立后的数十年的较短时间里，实现了赶超式的经济增长，更因为承接发达工业化国家通过全球化浪潮转移而来的制造业，因此加剧了自然资源的消耗和环境污染。在这样的背景下，中国作为全球第二大经济体，及时积极地推动绿色转型，对于全球的可持续发展无疑具有重要意义。

美国著名生态经济学家赫尔曼·戴利（Herman E. Daly）认为，人造资本只是自然资源（来自自然资本）的一种物质转换。人造资本和自然资本基本上是互补性的，只有部分是替代性的。他眼中的自然资本是指产出自然资源流的存量，其一旦遭到破坏很可能是不可逆的。他认为，我们已经从一个相对充满自然资本而短缺人造资本的世界，来到了一个相对充满人造资本而短缺自然资本的世界了。由于自然资本已经代替人造资本成为限制性要素，因此我们应该采取政策，最大

---

① ［美］肯尼思·阿罗等：《我们消费的太多了吗？》，载《经济学展望期刊》，2004年第18卷第1期，第147—172页；［美］肯尼思·阿罗等：《可持续性与财富的测度》，载《经济学展望期刊》，2012年第17卷第3期，第317—353页。

限度地提高现在的生产率和它未来的供应量①。

全球科学家和经济学家日益形成共识,自然资本的价值不可替代,我们应该加强对自然资本的投资和保护。那么,为了保护和增加自然资本,中国又采取了哪些措施呢?

三、中国为推进保护自然资本采取的政策手段措施

自从 2007 年提出生态文明建设的任务以来,中国一直在探索保护自然资源和环境的制度和政策措施,把生态文明的理念贯彻到政府和经济运行主体中去,努力实现自然资本的保值增值。

前面提到的国家公园体制就是其中一个重要的制度创新。2015 年 1 月,国家发改委等十二部委联合发布了《建立国家公园体制试点方案》,标志着我国国家公园体制试点改革正式启动,并确定青海、北京、吉林、黑龙江、浙江、福建、湖北、湖南、云南等 9 省市作为国家公园体制试点省地区。除此之外,还有很多系统的体制机制变革,它们共同在推动中国保护自然生态体系的绿色大转型。

首先,启动绿色国民经济核算。

所谓绿色国民经济核算,包括自然资源核算与环境核算,其中环境核算又包括环境污染核算和生态破坏核算。进行绿色国民经济核算的一个重要方面是关于自然资产的核算,开展自然资产审计,以起到一定的监督与审核作用。1993 年联合国统计署正式出版的《综合环境经济核算手册》首次正式提出了"绿色 GDP"的概念。根据其中的核算方法,绿色 GDP 是国民生产总值(GDP)减去固定资产折旧以及资

---

① [美]赫尔曼·赫尔曼·达利、乔舒亚·法利:《生态经济学:原则与应用》利、乔舒亚·法利:《生态经济学:原理与应用》(第 2 版),华盛顿特区:岛屿出版社,2010 年。

源环境成本之后的结果。

中国的会计准则体系长期以来没有对资源和环境的核算内容，尤其是中国资源产品的价格未将资源、环境成本计入在内。2004年3月，国家环境保护总局和国家统计局联合启动了《中国绿色国民经济核算研究》项目，并于2005年开展了全国十个省市的绿色国民经济核算和污染损失调查评估试点工作，最终提交了《中国绿色国民经济核算研究报告（2004）》。据该报告的测算，2004年全国范围内因为环境污染造成的损失为5118亿元，占GDP的3.05%。但是这次核算尝试只是研究了经环境污染调整的绿色GDP，没有对自然资源的情况进行核算。

第二，组织编制自然资源资产负债表，开始实行领导干部自然资源资产离任审计试点工作。

2015年11月8日，国务院办公厅颁布了《关于印发编制自然资源资产负债表试点方案的通知》，要求呼伦贝尔市等五个地区在2015年11月开始到2016年12月底开展编制自然资源资产负债表试点工作。核算内容主要包括土地资源、林木资源和水资源。该方案要求试点地区参照联合国等国际组织制定的《环境经济核算体系2012》等国际标准，借鉴国际先进经验，通过探索创新，构建科学、规范、管用的自然资源资产负债表编制制度。

此前，海南省三亚市已经在2015年2月初步完成中国首个地级市自然资产负债表的编制工作。初步计算显示，三亚市自然资源的价值约为2000余亿元，为该市2014年GDP的5倍以上。

同时，中国也启动了领导干部自然资源资产离任审计试点工作。自然资产审计有利于自然资源保护计划及项目的顺利实施。2013年11月十八届三中全会通过的《中共中央关于全面深化改革若干重大问题的决定》提出，对领导干部实行自然资源资产离任审计，作为加强生态文明建设的一项重要改革举措。审计涉及的重点领域包括土地资源、水资源、森林资源以及矿山生态环境治理、大气污染防治等领域。主要围绕被审计领导干部任职期间履行自然资源资产管理和生态环境保护责任情况进行审计评价，界定领导干部应承担的责任。改革将分三个步骤：首先，在2015年至2017年分阶段分步骤实施试点，由国家审计署组织实施；其次，2017年将制定出台领导干部自然资源资产离任审计暂行规定；第三，自2018年开始，中国将建立经常性的审计制度。①

第三，设置生态功能区，实施分类开发和保护。

生态功能分区是中国创新的一种重要生态管理和国土资源利用的制度，其基本特点是要求国土开发规划要考虑到区域生态环境敏感性、生态服务功能重要性以及生态环境特征的相似性和差异性。2010年12月21日，国务院发布了《关于印发全国主体功能区规划的通知》，在全国范围内启动了主体功能区规划工作。该规划的目的是"要根据不同区域的资源环境承载能力、现有开发强度和发展潜力，统筹谋划人口分布、经济布局、国土利用和城镇化格局，确定不同区域的主体功能，并据此明确开发方向，完善开发政策，控制开发强度，规范开发秩序，逐步形成人口、经济、资源环境相协调的国土空间开发格局。"②

《"十三五"规划》进一步提出，发挥主体功能区作为国土空间开发保护基础制度的作用，落实主体功能区规划，完善政策，发布全国主体功能区规划图和农产品主产区、重点生态功能区目录，推动各地区依据主体功能定位发展。以主体功能区规划为基础统筹各类空间性

---

① 中共中央办公厅、国务院办公厅：《开展领导干部自然资源资产离任审计试点方案》，新华社，2015年11月10日，http://news.xinhuanet.com/finance/2015-11/10/c_128412212.htm。

② 《国务院关于编制全国主体功能区规划的意见》，2007年7月26日。http://www.gov.cn/zwgk/2007-07/31/content_702099.htm。

规划，推进"多规合一"①。

第四，在官员政绩考核体系中纳入环境保护和生态资产指标。

2015年8月，中共中央办公厅、国务院办公厅印发了《党政领导干部生态环境损害责任追究办法（试行）》，要求对地方党政领导干部对本地区生态环境和资源保护都要负担起责任，并进行终身追究。这一规定使得过去地方政府官员为了追求经济中增长，不顾生态环境破坏后果的短期行为。

其实自2014年起，过去中国普遍的唯GDP的政绩考核办法就已经正式成为历史。2013年12月，中共中央组织部②印发《关于改进地方党政领导班子和领导干部政绩考核工作的通知》，规定今后对地方党政领导班子和领导干部的各类考核考察，不能仅仅把地区生产总值及增长率作为政绩评价的主要指标。同时文件要求把生态文明建设等作为考核评价的重要内容，加大资源消耗、环境保护指标在考核体系中的比重。比如福建省率先取消了对34个限制开发区域的县（市）的地区生产总值考核，改为实行农业优先和生态保护优先的绩效考评方式。政绩考核的"指挥棒"变得越来越绿。

第五，健全自然资源资产产权制度和用途管制制度，集体林权改革成效明显。

中国是一个实行土地公有制的国家，但是国家、地方和个人共同分享土地和自然资源的所有权、经营权和收益权，导致使用和保护的权利和责任含糊不清。因此，中共中央和国务院在2015年4月发布了《关于加快推进生态文明建设的意见》，其中明确要求健全自然资源资产产权制度和用途管制制度。要对水流、森林、山岭、草原、荒地、

---

①《中华人民共和国国民经济和社会发展第十三个五年规划纲要》，新华社，2016年3月18日。http://news.xinhuanet.com/politics/2016lh/2016-03/17/c_1118366322.htm。
② 中共中央组织部是中国共产党中央委员会主管人事、党建方面工作的综合职能部门。

滩涂等自然生态空间进行统一确权登记，明确国土空间的自然资源资产所有者、监管者及其责任①。

在中国，除了明确归国家所有的保护区和国有林场以外，还存在大量属于集体所有的林地，占到全国林地面积的一半。国有林地和林场已经明确定位于保护培育森林资源、发挥生态功能、维护生态安全，完全由政府出资保护和管理。但是，这些集体林地的使用权和林木所有权不明晰，导致利益分配不合理，制约了林业生产力的发展。由于农民经营林业的积极性不高，森林资源质量低，乱砍盗伐现象普遍存在。

2008年6月，党中央、国务院出台了《关于全面推进集体林权制度改革的意见》。集体林权制度改革的核心内容，是在坚持集体林地所有权不变的前提下，依法将林地承包经营权和林木所有权，通过家庭承包的方式落实到本集体经济组织的农户，确立农民作为林地承包经营权人的主体地位。②农民获得森林的开发承包使用权和收益权，还可以将林权证进行银行贷款抵押、转让和出租，从而调动保护和开发的积极性。截至2010年底，已有20个省（区、市）基本完成明晰产权、承包到户的改革任务，全国共承包到户的集体林地24.31亿亩（林木蓄积40亿立方米），占总面积的88.6%，发证面积20.1亿亩，占总面积的73.4%，7260万农户拿到了林权证，3亿多农民直接受益。③而且，森林资源得到有效保护和发展，农民造林护林的积极性大大提高，全国森林覆盖率明显上升。

---

① 中共中央和国务院：《关于加快推进生态文明建设的意见》，2015年4月25日。http://www.scio.gov.cn/xwfbh/xwbfbh/yg/2/Document/1436286/1436286.htm。
② 中共中央和国务院：《关于全面推进集体林权制度改革的意见》，2008年6月8日。http://www.gov.cn/jrzg/2008-07/14/content_1044403.htm。
③ 国家林业局局长贾治邦在2011年4月20日第十一届全国人民代表大会常务委员会第二十次会议所做的《国务院关于集体林权制度改革工作情况的报告》。中国人大网，www.npc.gov.cn。

第六,实施"山水田林湖草"生态保护和修复工程。

2016年3月中国颁布的《中华人民共和国国民经济和社会发展第十三个五年(2016—2020年)规划纲要》提出,要实施山水林田湖生态保护和修复工程。其中指出,要坚持保护优先、自然恢复为主,实施山水林田湖生态保护和修复工程,构建生态廊道和生物多样性保护网络,全面提升森林、河湖、湿地、草原、海洋等自然生态系统稳定性和生态服务功能。①

2016年9月30日,财政部、国土资源部和环境保护部联合发布了《关于推进山水林田湖生态保护修复工作的通知》。具体的工作内容包括矿山环境治理恢复、土地整治与污染修复、开展生物多样性保护、流域水环境保护治理以及全方位系统综合治理修复等多个方面。该文件明确中央财政将对典型重要的保护修复工程给予奖补,要求各地加快组织实施相关工作。②

其中关于生物多样性保护的部分特别提出,要加快对珍稀濒危动植物栖息地区域的生态保护和修复,并对已经破坏的跨区域生态廊道进行恢复,确保连通性和完整性,构建生物多样性保护网络,带动生态空间整体修复,促进生态系统功能提升。

第七,严厉打击野生动物有关的国际走私贸易。

中国是《濒危野生动植物种国际贸易公约》(简称CITES)的缔约国。近年来中国海关针对象牙走私进行了严厉打击,取得了积极成效。在《濒危野生动植物种国际贸易公约》部门间协调机制框架下,海关多次发起并联合林业、公安、工商、质检等部门开展打击野生动植物违法犯罪专项行动,如2012年的国门之盾、2013年的打私联合行动、2013、

---

① 《中华人民共和国国民经济和社会发展第十三个五年规划纲要》,新华社,2016年3月18日。http://news.xinhuanet.com/politics/2016lh/2016-03/17/c_1118366322.htm.

② 财政部、国土资源部和环境保护部:《关于推进山水林田湖生态保护修复工作的通知》,2016年9月30日。http://www.gov.cn/xinwen/2016-10/09/content_5116335.htm.

2014年的眼镜蛇一、二号行动、2014年的守卫者行动等，均取得了突出的成就。其中天津海关在2012年"国门之盾"行动中就查获走私象牙原牙363段，重达931.7公斤，案值达到3882万元。2012年以来中国海关连续3年获得《濒危野生动植物种国际贸易公约》秘书长颁发的秘书长表彰证书。2012年至2014年，中国海关立案侦办打击象牙走私刑事立案犯罪案件282起，抓获犯罪嫌疑人458人。2015年以来，中国海关立案侦办打击象牙走私刑事立案犯罪案件39起，抓获犯罪嫌疑人39人。①

2016年12月30日，中国政府宣布，将从2017年12月31日起全面停止商业性加工销售象牙及制品活动。2018年1月，中国香港特区也通过法案全面禁止象牙贸易，并在三年内关闭世界最大的象牙市场。中国的这一历史性的举措，展现了负责任大国形象，对世界各国加强打击大象盗猎现象起到促进作用。世界自然基金会认为，中国这一决定影响巨大，有利于进一步遏制非洲象遭受非法屠杀和贩运的趋势。世界自然基金会负责非洲事务的主管弗雷德·库马说，在保护野生大象方面中国展现出"伟大的领导力"。博茨瓦纳环境、野生动物和旅游部长切凯迪·卡马认为，中国此举给非洲地区大象的未来带来希望，中国的象牙贸易禁令是减少大象偷猎的"最伟大一步"。

四、展望未来："老虎正在回来"

自然和生态的价值在中国正在得到越来越多的认可，这是以习近平总书记为核心的党中央在十八大以来积极推动的新理念，它也得到

---

① 《中国海关打击象牙走私情况》，中国海关总署网站，2015-05-29，http://www.customs.gov.cn/publish/portal0/tab65602/info743888.htm.

了亿万普通中国人的欢迎。中国正在加快努力扭转过去大量消耗生态资源的趋势，积极投资和保护自然。中国的绿色大转型正在产生阶段性的成果，它值得引起全世界的关注。

2017年10月召开的中共十九大会议上，习近平总书记指出，在自十八大以来的五年里，中国的生态文明制度体系加快形成，主体功能区制度逐步健全，国家公园体制试点积极推进。"重大生态保护和修复工程进展顺利，森林覆盖率持续提高。"他在报告中明确提出：中国要继续"构建国土空间开发保护制度，完善主体功能区配套政策，建立以国家公园为主体的自然保护地体系。"

据《科学》杂志的报道，目前中国科学家在中俄朝三国接壤的边境线内，已经共监测发现了27只东北虎和42只东北豹。它们是从俄罗斯的西伯利亚地区的栖息地，试图重新返回昔日的家园。我们可以相信，随着越来越多像许福这样的普通中国人，在把自己的经济利益和生态环境的利益融合起来，越来越多的东北虎正走在回来的路上。

中国科学家在保护区境内拍摄到的东北虎照片

第十一章

生态文明建设

——中国特色的可持续发展

人们在观看荣获美国奥斯卡大奖影片《卧虎藏龙》后，往往会为影片中壮观的竹海景观而惊叹。影片的取景地正是中国浙江省安吉县。安吉县位于浙江省西北部，毛竹蓄积量名列全国第一，是著名的"中国竹乡"。这里依山傍水，竹连山，山连竹，满目苍翠，犹如一幅竹画长卷。上世纪80年代，为了脱贫致富，安吉县也曾走过"工业强县"之路，引进和发展了一批造纸、化工、建材、印染产业。传统粗放型的工业发展道路虽带来了GDP增长，但是也带来了严重的环境污染。

安吉县位于太湖流域上游，由于将大量工业污水直接排放进入溪流，导致下游的居民一度饮用水告急。同时，林木、矿产等资源的过度开采造成了严重的水土流失，那时安吉县的很多地方，看不到蓝天，看不到青山，看不到绿水，看到的只是黑烟滚滚、污水横流。安吉县先后投入大量资金对污染企业进行环境综合整治，先后关闭和拆除多家污染企业和生产线，付出了巨大的环境整治代价。走传统工业化道路遭遇挫折之后，安吉县开始重新审视自身的特点与优势，意识到必须依托良好的生态环境优势，找寻发展之路。从2001年起，安吉县委、县政府带领全县人民开始了探索"生态立县"之路，利用当地生态优势，大力发展生态农业、生态产业和生态旅游业。

2005年时任浙江省委书记的习近平在浙江安吉余村考察时提出

了"绿水青山就是金山银山"的科学论断。如今的安吉是什么状况？"山峦青翠、河流清澈、空气清新，经济结构合理、社会和谐稳定、人居环境优美。"这是国家环保部门对获得"国家生态县"称号的安吉所做的评价。

一、中国正从工业文明走向生态文明

回溯历史，人类社会先后经历了渔猎文明、农耕文明和工业文明，生态环境是影响人类文明兴衰的重要因素。在生产力水平极端低下的人类早期，古文明的形成主要受自然生态环境的影响。大河流域因水资源丰富、地势平坦、土地肥沃、气候温和，适于人类生存，往往成为古文明的摇篮。远古时期的人类还处于一种生存维系状态，人类的活动对生态环境的影响极为有限，与自然更多的是一种休戚与共的关系。随后出现的农业文明，人类发展与生态环境破坏之间的矛盾开始凸显。古埃及、古巴比伦、古地中海、古玛雅文明以及印度恒河流域文明的衰落、消亡，无一不与当地的生态破坏、环境恶化息息相关。

自18世纪第一次工业革命开始，"蒸汽机"代替手工劳动，人类社会的生产力得到极大提升，在短短百年间创造的物质财富大大超过了以往所创造的物质财富的总和。19世纪晚期的第二次工业革命，世界由"蒸汽时代"进入"电气时代"，煤炭、石油成为重要的资源，生产力进一步迅猛发展，物质财富加速积累，科学技术也取得了长足进步。与此同时，也消耗了大量自然资源，造成了严重的环境污染。尤其是进入20世纪后，随着资源消耗日渐超过自然承载力、污染排放也逼近环境容量的阈值，环境与发展之间的矛盾日益尖锐。无论是已经实现工业化的发达国家，还是正在加速实现工业化的发展中国家，都曾经或正在把发展等同于追求物质财富的增加，因而不惜以破坏生态环境来换取经济增长。曾经支撑起工业化的重要资源，煤炭、石油和其他化石能源正日渐枯竭。WWF发布的报告指出，如果人类继续以目前的速度开发土地和海洋，那么到了2030年，要想生产出足够的食物、原材料和水资源,并吸收掉人类活动所产生的二氧化碳,人类需要两个地球才能生存。①

中国曾经是世界农业文明的主要发祥地之一,炎黄子孙植五谷,饲六畜,农桑并举,耕织结合,自给自足。传承"天人合一"的理念,顺应自然,休养生息,在世界发展史上创造了辉煌的农耕文明。工业文明在中国的起步较晚,直到新中国成立后才开始真正意义上的工业化进程。改革开放之初,中国沿用了西方发达国家工业文明的发展模式,加速推动了大规模工业化、城镇化进程,虽然经济建设总量快速增加,但是环境污染和生态恶化也呈现加剧趋势。1994年淮河爆发的特大污染事故和1998年长江、松花江和嫩江洪涝灾害给中国敲响了生态环境堪忧的警钟,促使人们去正视中国严峻的生态环境问题,去重新审视人与自然的关系。"先污染、后治理"的传统工业化道路不可持续,"就污染治理污染,就环境论环境"也无法从根本上解决问题,中国无法再沿袭传统工业文明的发展模式,而亟须从新视角、新战略寻求新的发展理念和新的发展道路。由此,中国开启了一条探索能同时实现生产发达、生活富裕和生态良好的文明发展之路。虽然对这条道路的探索历程并不平坦,但一直在曲折中前行。可以肯定的是中国文化所独具的东方智慧与底蕴,中国作为发展中大国所面临的挑战与压力,再加上中国所特有的制度优势,会使得中国比世界上任何一个国家更为迫切地走向生态文明。正如美国学者罗伊·莫里森早在2004年的书中就写道"2070年—2090年,东方是绿色的,中国将在可持续发展方面引领世界"。当生态文明在大多数人眼中还是遥不可及的"海市蜃楼"时,却已经在中国显示出了强劲的生命力。

2007年,中共十七大将"建设生态文明"写入党的报告,将其作

---

① WWF,2016《地球生命力报告》。

为党的执政纲领和国家重大发展战略，标志着中国对环境问题的认识已上升到了生态文明的高度。

2012年，中共十八大把生态文明建设纳入五位一体中国特色社会主义建设事业总体布局，提出要走"经济建设、政治建设、文化建设、社会建设和生态建设"五位一体发展道路。习近平总书记就此指出："党的十八大把生态文明建设纳入中国特色社会主义事业五位一体总体布局，明确提出大力推进生态文明建设，努力建设美丽中国，实现中华民族永续发展。这标志着我们对中国特色社会主义规律认识的进一步深化，表明了我们加强生态文明建设的坚定意志和坚强决心。"①

从中共十八大到十九大，以习近平同志为核心的党中央，着眼于社会主义初级阶段总依据、实现社会主义现代化和中华民族伟大复兴总任务的有机统一，反复强调坚持包括生态文明建设在内的五位一体中国特色社会主义建设事业总体布局，要求从源头上扭转生态环境恶化趋势，为人民创造良好生产生活环境，努力建设美丽中国，实现中华民族永续发展。习近平总书记就生态文明、生态文明建设，以深情、朴实的言语，清新、自然的文风，深邃、厚重的思想，发表了一系列重要讲话，做了大量专门论述和重要批示，提出了许多充满哲学思辨、经济理性、人文情怀、全球视野的崭新科学论断。比如，"生态兴则文明兴，生态衰则文明衰"②、"保护生态环境就是保护生产力、改善生态环境就是发展生产力"③、"绿水青山就是金山银山"④、"生态文明是工业文明发展到一定阶段的产物，是实现人与自然和谐发展的新要求"⑤、"要清醒认识保护生态环境、治理环境污染的紧迫性和艰巨性，清醒认

---

① 习近平:《在中央政治局第六次集体学习时的讲话》，2013年5月24日，新华社。
②《生态兴则文明兴生态衰则文明衰》，2015年5月8日，人民网。
③ 习近平:《在中央政治局第六次集体学习时的讲话》，2013年5月24日，新华社。
④ 习近平:《在哈萨克斯坦纳扎尔巴耶夫大学演讲时的讲话》，2013年9月7日，新华社。
⑤ 习近平:《在中央政治局第六次集体学习时的讲话》，2013年5月24日，新华社。

识加强生态文明建设的重要性和必要性"①，等等，以科学完整的习近平新时代生态文明建设思想理论体系，深刻回答了中国和当今世界生态文明建设发展面临的一系列重大理论和现实问题，形成了事关生态文明建设基本内涵、为什么要建设生态文明、怎样建设生态文明的科学完整的理论体系，为走向社会主义生态文明新时代、实现中华民族伟大复兴美丽中国梦、推动生态文明人类命运共同体建设提供了科学指南。与此同时，中国生态文明理念已越来越引起了国际社会的广泛关注，在2013年2月召开的联合国环境规划署第27次理事会上，被正式写入决定案文，这一切表明，中国的生态文明建设，恰如习近平总书记在中共十九大报告所指出，越来越"成为全球生态文明建设的重要参与者、贡献者、引领者"。②

二、建设生态文明是中国转变发展方式的必然选择

中国提出的生态文明建设，内涵十分丰富，它不仅是传统意义上的节能减排、节约资源和环境保护，而是从根本上转变发展方式，从社会的价值取向、人类文明进步的高度来规范人与自然、人与社会、人与人之间的关系。因此，中国现阶段大力推进生态文明建设，不是促进经济增长、缓解资源环境压力的权宜之计，而是将生态文明作为一种先进的理念、先进的思想、先进的文化来指导社会的发展的"千年大计"。

生态文明是对工业文明的提升。生态文明是在工业文明的基础上

---

① 《习近平总书记谈生态文明》，《新华每日电讯》2016年3月8日第9版。
② 习近平：《决胜全面建成小康社会 夺取新时代中国特色社会主义伟大胜利——在中国共产党第十九次全国代表大会上的报告》，新华社10月27日电，2017年10月27日。

发展而来，而又不同于工业文明的一种新的文明形态。工业文明取得的科技进步和生产力的大发展，是生态文明得以实现的必要条件。但是，生态文明和工业文明又有着本质区别，具体表现为：首先，在人与自然的关系上，工业文明将人与自然的关系看作是利用自然、改造自然和征服自然，因而导致对自然资源的过度索取，产生了各种环境破坏和自然灾害；生态文明则主张人应当顺应自然，尊重自然和保护自然，人类活动要在自然可承受的范围之内。其次，在价值取向和生产方式上，工业文明以不断扩大再生产，追求利润最大化为目标；生态文明则强调以山川秀美，社会进步和人类幸福为价值取向。再次，在消费观上，工业文明把消费看作刺激经济快速增长的重要手段和个人实现人生价值的标志，导致了奢侈消费和过度消费；生态文明则强调个人消费要与自然资源相适应，倡导绿色消费、可持续消费。最后，工业文明认为技术是人类用来征服和统治自然的工具，而生态文明则强调技术的研发和应用在促进经济增长的同时，应维护生态系统的平衡与稳定。

生态文明理念蕴含着丰富的东方智慧。中华民族是全世界唯一以国家形态，同根同种存留几千年的民族，中华文明里蕴含着深刻的生态智慧。中国古代的生态观起源于远古时代人们对自然的崇拜与敬畏，作为华夏文明主流思想的儒释道均提出了一系列精辟的有关"天人观"的论断。例如，儒家天人观的主旨为"天人合一"，肯定天地万物的内在价值，主张以仁爱之心对待自然。道家的始祖老子提出："人法地，地法天，天法道，道法自然"，认为世界上的一切包括天地万物和人，都从"道"产生，"道"即宇宙的本源。庄子则进而强调："天地与我并生，而万物与我为一"认为人不过是自然界中的一部分，万事万物地位相等，主张尊重自然界中的一切生命。可见，儒释道从不同角度诠释的"天人和谐观"共同构成了"人与自然和谐"的重要的思想文化基础。

不仅如此，中国历朝历代还积累了丰富的生态伦理思想，认为人们应该在保护自然资源和生态环境的基础上进行生产活动，切勿一味索取，片面地利用自然和征服自然。早在先秦时期，《逸周书·大聚篇》就有"春三月，山林不登斧禾，以成草木之长；夏三月，川泽不入网罟，以成鱼鳖之长"。[①] 春秋时齐国相国管仲认为发展经济，就要保护山林川泽及其生物资源，反对过度采伐，他说："为人君而不能谨守其山林菹泽草莱，不可以天下王"。东方文明自古以来靠的就是巧于向自然环境作有限的索取，把人类维持生存和发展所必需的自然资源和环境物质更多地留给子孙后代，这些都体现了朴素的可持续发展思想。

生态文明建设的目标是走向生态繁荣。生态繁荣是指人与自然、环境与社会、人与社会和谐共荣。此时，人类与自然不是统治与被统治，而是相伴相生，相互制约与促进的关系。生态文明强调人类应当从平等、公正的社会伦理角度出发，尊重和爱护自然，崇尚绿色、健康、低碳、品质的消费，与"绿水青山"相容，形成文明进步、富足和可持续的生态繁荣社会。中国目前正通过生态文明建设，实现生态和谐的增长，迈向人与自然和谐的生态繁荣。而这种生态繁荣，也不仅仅是一个国家、一个民族或国家集团的繁荣，而是人类社会的共同繁荣。

三、中国推进生态文明建设的实践

将生态文明作为治国理政的重要内容。保护生态环境已成为全球共识，但把生态文明建设作为一国执政党的执政理念和行动纲领，用思想的高度和理念的深度来引领改革，在世界上尚属首次。中国共产

[①] 该句含义是阳春三月，不去拿斧头进山林砍伐，让草木自然生长，不拿网具到江河、湖泽去捕捞，让鱼鳖好好成长。

党代表大会报告是中国共产党的理论旗帜和执政纲领,历次的代表大会报告中都体现了对生态环境与经济发展之间关系的思考与探索。

中共十二大报告指出,要"保持生态平衡"。十三大报告指出"在推进经济建设的同时,应大力保护和合理利用自然资源,努力开展对环境污染的综合治理,加强生态环境保护,把经济效益、社会效益和环境效益很好地结合起来"。中共十四大报告强调"要增强全民族的环境意识,保护和合理利用土地、矿藏、森林、水等自然资源,努力改善生态环境"。中共十五大报告要求"坚持保护环境的基本国策,正确处理经济发展同人口、资源、环境的关系。"中共十六大报告把可持续发展放在更加突出的位置,作为全面建设"小康社会"的重要目标,明确指出"可持续发展能力不断增强,生态环境得到改善,资源利用效率显著提高,促进人与自然的和谐,推动整个社会走上生产发展、生活富裕、生态良好的文明发展道路"。中共十七大报告中首次提出"生态文明"概念,将生态文明建设的目标概括为"建设生态文明,基本形成节约能源资源和保护生态环境的产业结构、增长方式、消费模式",生态文明观念在全社会得以建立。中共十八大报告又对"生态文明"建设进行了重点阐述,将生态文明建设提升为国家战略和国家意志。提出"推进生态文明建设,是涉及生产方式和生活方式根本性变革的战略任务,必须把生态文明建设的理念、原则、目标等深刻融入和全面贯穿到我国经济、政治、文化、社会建设的各方面和全过程,坚持节约资源和保护环境的基本国策,着力推进绿色发展、循环发展、低碳发展,为人民创造良好生产生活环境"。中共十九大报告指出:建设生态文明是中华民族永续发展的千年大计。必须树立和践行绿水青山就是金山银山的理念,坚持节约资源和保护环境的基本国策,像对待生命一样对待生态环境,统筹山水林田湖草系统治理,实行最严格的生态环境保护制度,形成绿色发展方式和生活方式,坚定走生产发展、生活富裕、生态良好的文明发展道路，建设美丽中国，为人民创造良好生产生活环境，为全球生态安全做出贡献。①

与此同时，中国政府进行了生态文明制度的顶层设计，并制定了相应的政策和具体措施。近几年来，中国在生态文明改革上迈出了坚实的步伐，无论是在法律法规建设方面，还是在体制机制改革方面，都做出了扎实有效的工作，其力度前所未有。如果把中国生态文明建设当作构筑一个大厦，那么这一大厦的"四梁八柱"正在逐步建立中。其中，"优化国土开发、促进资源节约、保护生态环境与健全生态制度"构成了生态文明建设的"四梁"。正在逐步建立中的"自然资源资产产权制度、国土空间开发保护制度、空间规划体系、资源总量管理和全面节约制度、资源有偿使用和生态补偿制度、环境治理体系、环境治理和生态保护市场体系、生态文明绩效考核和责任追究制度"，则构成了生态文明建设的八柱。这些制度建设为生态文明建设实践起到了开创性、奠基性作用。

树立"绿水青山就是金山银山"的发展理念。 2005年8月15日，时任浙江省委书记的习近平同志在浙江省安吉县余村考察时首次提出："绿水青山就是金山银山。" 2013年9月7日，习近平总书记在哈萨克斯坦纳扎尔巴耶夫大学发表演讲时进一步全面阐释了这一重要思想："既要绿水青山，也要金山银山。宁要绿水青山，不要金山银山，而且绿水青山就是金山银山。"此外，习近平总书记在国内、国际很多场合，都以"金山银山"与"绿水青山"的"两山"重要思想来阐明生态文明建设的重要性，为建设美丽中国指引方向。"绿水青山"与"金山银山"涉及经济发展进程中的权衡取舍，是人与自然关系的一种动态平衡。中国自古就有"天行有常"、"人与天调，而后天地之美生"

---

① 习近平：《决胜全面建成小康社会 夺取新时代中国特色社会主义伟大胜利——在中国共产党第十九次全国代表大会上的报告》，新华社10月27日电，2017年10月27日。

等底蕴深厚的生态智慧和哲理思辨，朴实地反映了绿水青山与人类生存发展的辩证统一关系。习近平总书记科学分析了中国现阶段经济发展与生态环境保护之间的关系，为避免耗损"绿水青山"换取不可持续的"金山银山"，提出了"既要绿水青山，也要金山银山"，将人与自然间"征服"和"报复"的对立关系改变为和谐共生的命运共同体的关系。"既要绿水青山，也要金山银山"并不是要被动地顺应自然，回归农耕生活，放弃经济发展，而是要从生态文明进步的新高度认识和解决问题，从经济、政治、文化、社会、科技等领域全方位审视和应对人类社会发展所面临的资源、环境等方面的严峻挑战，致力于在更高层次上实现人与自然、经济与环境、人与社会的和谐，也就是既要保护生态环境，更要追求更高质量的发展，最终实现人与自然的共同、全面繁荣。

贵州省位于中国西部。贵州省的森林覆盖率高达49%，被誉为"生态大公园"、"天然大氧吧"，是两江上游重要的生态屏障区，生态区位十分重要，但山多耕地少，经济发展水平在中国属于欠发达地区。2013年，贵州省人均地区生产总值仅为全国平均水平的54.7%，贫困人口占全国的9%。过去，贵州省也曾沿用过粗放的发展方式，经济发展主要依托煤炭、磷矿、铝土矿等资源，重化工业占工业增加值的60%以上，能耗强度是全国的2.15倍。在经济发展提速的同时，也对生态环境造成了严重的破坏，石漠化面积、水土流失面积分别占全省面积的17.2%、31.4%，再加上生态环境脆弱，生态修复的难度极大。如何找到一条经济发展又生态良好的发展道路对贵州省而言极为重要。贵州省因山而贵，储存了巨大的"绿色财富"。如何变绿水青山为金山银山而又不破坏绿水青山？几经摸索后，贵州省探索出了"靠山吃山，吃山养山"的宝贵经验。以经济开发促进生态建设，寓生态建设于经济开发，重点通过发展山地农业、生态畜牧业和生态旅游业等促进经济增长。现在，绿水青山已变成群众存本取息的"绿色银行"。2014年下半年，贵州省又响亮地提出"五大新兴产业"，其中大健康医药产业、山地农业、生态旅游业均与山关联。贵州人民总结到，念好"山字经"、种好"摇钱树"，依托"生态产业链"，实现了既要绿水青山也要金山银山。贵州省既获得了经济发展，更坚持了生态优先，牢牢守住山青、天蓝、水清、地洁的生态底线。

通过先行先试探索生态文明建设的典型模式。为了在生态文明建设中，创新方式方法，探索实践经验，提炼推广模式，完善政策机制，以点带面地推动生态文明建设，形成可复制、可推广的生态文明建设典型模式，中国政府于2014年启动了生态文明先行示范区建设。通过选取不同发展阶段、不同资源环境禀赋、不同主体功能要求的地区，开展生态文明先行示范区建设，总结有效做法。福建省被国务院确立为全国首个生态文明先行示范区。福建省是中国南方地区重要的生态屏障，生态文明建设起步早、成效好。早在2000年，时任福建省省长习近平极具前瞻性地提出建设生态省的总体构想，并推动实施。十几年来，福建省坚持遵循这一理念，持之以恒实施生态省战略，在生态文明建设和体制创新方面做出了一系列先行先试的有益探索。在生态文明建设实践中，福建人民认为"山清水秀但贫穷落后，不是我们的追求；殷实小康但资源枯竭、环境污染，同样不是我们的目标"。福建人民努力探索一条既能安居、乐业、增收，又能山清、水秀、天蓝的生态发展之路，为此，福建用最严格的制度、最严密的法治为生态文明建设提供保障，引导全社会牢固树立"保护生态环境就是保护生产力、改善生态环境就是发展生产力"的核心理念。

2014年，福建省取消了34个县（市）的GDP考核，在全国率先对各县（市、区）开展了林业"双增"目标年度考核，将森林覆盖率作为各地生态保护财力转移支付的重要指标，并建立起森林资源保护问责机制。2015年和2016年，福建全省森林覆盖率达65.95%，连续多年保持全国第一，水、大气、生态环境质量全优。2016年，福建省实现了8.6%的经济增长率，位列全国第六，实现了经济发展和生态保护的统一。福建省在生态文明建设中涌现出一批经济发展与生态保护双赢的典型。如福建省的岩溪镇，只是福建省众多村镇中的一个。岩溪镇共辖11个村，人口约4万人。岩溪镇曾经是养猪大镇，村民虽然靠着养猪发家致富，但也因为养猪造成了对生态环境的严重破坏。岩溪镇在进行生态修复和水源保护的过程中，从拆除猪舍入手，几年下来共拆除猪舍126万平方米。岩溪镇还实施了3个水土保持项目，绿化1200多亩，水土保持面积达600公顷。按照"见缝插绿、拆违建绿、能绿则绿"的原则，全镇共建成总长20多公里的田园风情走廊，走出了一条发展休闲农业、种植果蔬、花卉、生态旅游和特色小吃的生态致富路子。如果说岩溪镇只是近年来福建省生态文明建设的一个缩影，那么，其所在的长泰县则是福建省生态文明建设的又一个典型。长泰县以"生态、文明、精致"为发展特色，在推动绿色布局，促进绿色转型，加快绿色增长等方面进行积极探索，着力建设美丽乡村，保护母亲河、发展绿色工业和生态农业的转型体系，把生态优势转化为经济社会发展优势，当地人民实现了增收致富优势，环境也更加宜居。

图书在版编目（CIP）数据

中国的绿色发展之路 / 解振华，潘家华著．—北京：外文出版社，2018.3
（读懂中国）
ISBN 978-7-119-11426-2

Ⅰ．①中… Ⅱ．①解… ②潘… Ⅲ．①绿色经济－经济发展
－研究－中国 Ⅳ．① F124.5

中国版本图书馆 CIP 数据核字（2018）第 045520 号

本丛书列入国家社会科学基金重大委托项目和
《"十三五"国家重点图书、音像、电子出版物出版规划》项目

出版策划：国家创新与发展战略研究会
出版指导：陆彩荣　徐　步
出版统筹：胡开敏　于　瑛　曾惠杰

责任编辑：曹　芸
装帧设计：柏拉图创意机构
印刷监制：冯　浩　章云天　秦　蒙

中国的绿色发展之路
解振华　潘家华　著

ⓒ 外文出版社有限责任公司
出 版 人：徐　步
出版发行：外文出版社有限责任公司
地　　址：中国北京西城区百万庄大街 24 号　　邮政编码：100037
网　　址：http://www.flp.com.cn　　电子邮箱：flp@cipg.org.cn
电　　话：008610-68320579（总编室）　　008610-68996177（编辑部）
　　　　　008610-68995852（发行部）　　008610-68996183（投稿电话）
制　　版：北京杰瑞腾达科技发展有限公司
印　　刷：北京盛通印刷股份有限公司
经　　销：新华书店 / 外文书店
开　　本：700mm × 1000mm　1/16　　印　张：15.25　　字　数：192 千字
版　　次：2018 年 4 月第 1 版第 1 次印刷
书　　号：ISBN 978-7-119-11426-2
定　　价：50.00 元

版权所有　侵权必究　如有印装问题本社负责调换（电话：68995960）